1

이미지 인문학 1

현실과 가상이 중첩하는 파타피직스의 세계

진중권 지음

천년의상상

가와노 히로시 선생에게 이 책을 바칩니다.

지은이의 말

어느새 '디지털'이라는 낱말은 낡은 것obsolete이 되었다. '디지털'이라는 말을 듣기 힘들어진 것은 디지털이 사라졌기 때문이 아니다. 그 반대로 아날로그 매체가 사라졌기 때문이다. 디지털 테크놀로지가 처음 우리의 일상에 들어올 때만 해도, 아날로그 매체와 구별되는 디지털의 특성은 관심의 대상이 될 수밖에 없었다. 하지만 주위의 모든 것이 디지털화化한 오늘날, '디지털'은 딱히 새로울 것이 없는 일상이 되었다. 보드리야르의 표현을 패러프레이즈하자면, '오늘날 디지털은 사라졌다. 너무 적어서가 아니라 너무 많아서 사라졌다.'

사라짐은 두 방향으로 이루어졌다. 하나는 컴퓨터 안에서 매체들의 차이가 사라지는 내파implosion의 방향이다. 컴퓨터는 모든 것을 0과 1의 '정보'로 환원하는 양자적 특성에 힘입어 아날로그 매체들의 질적 고유성을 지워버린다. 그것은 이미 제 안에 계산기, 타자기, 회화, 사진, 편지, 전화, 라디오, 텔레비전 등 모든 아날로그 매체의 기능을 통합했다. 다른 하나는 아날로그 매체들을 디지털화하는 외파explosion의 방향이다. 전화, 영화, TV 등 컴퓨터 밖의 아날로그 매체들도 이미 오래전에 디지털화를 완료했다. 이른바 포스트디지털 시대로 접어든 것이다.

테크노에틱 인문학

니콜라스 네그로폰테가 《디지털이다》*Being Digital*(1995)에서 예언한 모든 것이 오늘날 더는 특별할 것 없는 일상의 현상이 되어버렸다. 우리는 전자책의 책장을 마치 실제 책인 양 손가락으로 짚어 넘긴다. 이렇게 디지털 가상이 아날로그 현실의 자연스러움을 가지고 다가올 때, 그 익숙함 속에서 디지털 매체의 진정한 본성은 슬쩍 은폐되기 쉽다. 이는 디지털의 대중을 하이데거가 말한 '존재 망각'의 상태로 이끌어갈 것이다. 하지만 우리의 망각 속에서도 디지털의 논리는 화려한 가상 아래 여전히 작동하고 있다. 그 기제는 늘 의식되고 반성되어야 한다.

인문학에서는 '미디어적 전회'*medial turn*가 일어나고 있다. 사실 '전회'는 이번이 처음이 아니다. 이미 17세기에 철학은 인식론적 전회*epistemological turn*를 수행했다. "세계는 의식에 주어진다." 따라서 세계를 인식하려면 먼저 '의식'부터 점검해야 한다는 것이다. 20세기의 철학은 언어학적 전회*linguistic turn*를 수행했다. "의식은 언어로 구조화한다." 따라서 의식을 파악하려면 언어의 본성을 알아야 한다는 것이다. 하지만 오늘날 "세계는 미디어로 구축된다." 그렇다면 세계를 인식하기 전에 먼저 미디어의 본성을 이해해야 할 것이다.

'인문학 위기'란 결국 텍스트에 기초한 고전적 인문학의 위기다. 정보의 저장 및 전달의 매체가 달라졌다. 과거에는 책이 사람을 형성했다면 오늘날 인간의 의식은 영상으로 빚어진다. 텍스트 중심의 인문학은 이제 이미지와 사운드의 관계 속에서 다시 정의되어야 한다. 이는 이미지에 기초한 새로운 유형의 인문학을 요청한다. 이 책은 디지털 테크놀로지와 더불어 등장한 제2차 영상문화, 제2차 구술문화를 설명하기 위한 새로운 인문학의 시도라 할 수 있다. 그 것을 로이 애스콧의 용어를 빌려 '테크노에틱'technoetic 인문학이라 부르고자 한다.

'테크노에틱'은 기술을 의미하는 '테크노'techno와 인식을 의미 하는 '노에시스'noesis의 합성어로, 인간의 정신을 기술적 매체와의 관계 속에서 탐구한다는 의미를 담고 있다. 월터 옹에 따르면, "미 디어는 의식을 재구조화한다." 이 캐나다의 영문학자는 구술문화와 의 대비 속에서 우리의 의식이 실은 '문자'라는 매체의 산물임을 보 여준 바 있다. 그렇다면 문자문화의 종언을 가져온 디지털 미디어는 우리의 의식을 어떻게 바꾸어놓을 것인가? 테크노에틱 인문학의 가 장 중요한 과제는 이 '미디어 아프리오리'media apriori를 드러내는 데 있다.

현실과 은유가 중첩된 파타피직스의 세계

미디어는 세계와 인간을 매개하면서, 동시에 그 둘을 변화시킨다. 그리하여 세계와 인간은 미디어와 더불어 공진화共進化한다. 물론 그 렇게 변화한 세계는 과거와는 다른 '존재론'ontology을 요구하며, 그 렇게 변화한 인간은 과거와는 다른 '인간학'anthropology을 요구한다. 우리의 여정은 미디어 철학자 빌렘 플루서의 짧은 논문에서 출발할 것이다. 그의 〈디지털 가상〉Digitaler Schein(1991)은 '전회' 이후에 등 장한 미디어 담론 중 보기 드물게 철학적 존재론과 인간학의 수준 에 도달한 논문으로, 디지털 이미지의 미학을 다루는 이 책의 철학 적 준거가 되어줄 것이다.

책은 두 부분으로 나뉜다. 먼저 1권에서는 철학사의 근본적 단절이 디지털 테크놀로지와 더불어 어떻게 사라지는지 살펴볼 것이다. 널리 알려진 것처럼 '철학'은 가상과 실재를 구별하는 데서 출발했다. 플라톤 같은 관념론자든 데모크리토스 같은 유물론자든, 모든 철학자는 가상의 베일 뒤에 숨은 참된 실재를 찾으려 했다. 하지만 디지털 테크놀로지는 상상과 이성, 허구와 사실, 환상과 실재 사이의 단절을 봉합선 없이 이어준다. 이로써 가상과 현실 사이에 묘한 존재론적 중첩의 상태가 발생한다. 그것을 우리는 '파타피직스'pataphysics라 부를 것이다.

'파타피직스'는 가상과 현실이 중첩된 디지털 생활세계의 존재론적 특성이자, 동시에 그 세계 속에서 살아가는 디지털 대중의 인지적 특성이기도 하다. 그것은 가상현실VR이나 증강현실AR이 보여주듯 오늘날 인터페이스 디자인의 원리일 뿐 아니라 그 혼합현실을 대하는 대중의 태도를 지칭하는 이름이기도 하다. 철학자들이 굳이 가상과 실재를 구별하고 가상의 허구성을 폭로하려 해왔다면, 디지털 대중은 대상에 대한 존재론적 판단중지를 수행한다. 가상이 한갓 허구임을 알 때조차도 그들은 그것을 또 다른 현실로 간주하는 경향을 보인다.

사실 가상과 현실의 중첩은 역사이전prehistory의 현상이었다. 선사인의 의식에서는 가상과 현실이 인과관계로 서로 연결되어 있었다. 가상의 원인이 현실의 결과를 낳는다는 것이 바로 주술의 원리이기 때문이다. 역사시대history가 열리면서 사라졌던 이 선사의 상징형식이 디지털 기술형상의 형태로 되돌아온다. 하지만 선사인의 상상이 주술적 현상이었다면 우리의 상상은 어디까지나 기술적 현상이다. 그리하여 선사인의 상상이 그저 공상에 그쳤다면 우리의 상상은 기술에 힘입어 현실이 된다. 이것이 역사이전의 마술과는 구별되는 역사이후posthistory의 "기술적 마술"이다.

가상과 현실의 중첩은 디지털 이미지 자체의 특성이기도 하다. 어린 시절에 읽었던 강소천의 동화 《꿈을 찍는 사진관》은 오늘날 기술적으로 실현되었다. 디지털 사진은 더는 그저 사진이 아니다. 디지털 테크놀로지는 상상의 사진을 제시할 수 있다. 그 속에서 현실의 기록과 상상의 표현은 하나가 된다. 컴퓨터그래픽은 피사체를 요구하지 않는다. 거기서는 사진의 본질적 특성으로 여겨졌던 지표성indexicality이 약화되거나 아예 사라진다. 그 결과 디지털의 기술형상은 이제 증거, 기록, 자료이기를 멈추고, 예술작품이 되어 미적 환상의 영역으로 날아오른다.

역사는 문자문화와 더불어 시작되었고 그 정점에서 역사주의 의식을 낳았다. 하지만 커뮤니케이션 매체가 문자에서 영상으로 바뀐 시대에는 과거의 계몽적·역사적 의식이 유지될 수 없다. 월터 옹의 말대로, "미디어는 의식을 재구조화"하기 때문이다. '역사의 종언'이나 '이데올로기의 종언'과 같은, 이른바 '포스트' 현상들이 대두하는 시기는 TV와 같은 전자매체, 특히 컴퓨터와 디지털테크놀로지가 우리의 일상에 침투하는 시기와 일치한다. 이는 그저 우연의 일치가 아니리라. 영상의 시대에 역사history는 서사story와 중첩되는 경향을 보인다.

섭뜩한 아름다움, 언캐니의 세계

2권에서는 '언캐니'uncanny라는 표제 아래 파타피지컬한 세계 속에서 인간이 갖게 되는 세계감정을 탐구하게 될 것이다. 플루서는 가상과 현실이 구별할 수 없을 정도로 서로 접근할 때 "가상은 현실만큼 실재적이고, 현실은 가상만큼 으스스해질 것"이라 말한다. 디지털 가상에는 어딘가 섬뜩한uncanny 특성이 있다. 실재도 아니고 가상도 아닌 이 유령 같은 존재가 발산하는 으스스한 느낌, 그것이 디지털 이미지 특유의 '푼크툼'punctum이다. 18세기에 '숭고'의 감정이 그랬던 것처럼, 디지털의 세계감정을 특징짓는 미적 범주는 '언캐니'라 할 수 있다.

이 책에서 말하는 '디지털 이미지'는 그저 디지털 합성 이미지만을 가리키는 게 아니다. 비록 아날로그 방식으로 제작되었다 하더라도 디지털의 미적 전략을 따르는 회화와 사진은 모두 '디지털 시대의 이미지'로 간주할 것이다. 사진이 등장한 이후의 회화가 더는 과거의 회화일 수 없듯이 디지털 이미지가 등장한 이후의 회화나 사진도 더는 과거의 회화나 사진일 수 없다. 뉴미디어가 자의식을 획득하면 올드미디어는 조만간 뉴미디어의 전략을 수용하게 된다. 그 결과 아날로그 이미지들 역시 디지털 사진의 특징인 언캐니의 분위기를 갖게 된다.

'디지털 이미지'가 그저 회화, 사진, CG 같은 재현영상만을 가리키는 것도 아니다. 플루서가 말하는 기술형상Techno-bild의 외연은 그보다 훨씬 넓다. 그는 복제 개 스너피도 합성 이미지의 범주에 집어넣는다. 그의 정의를 따라, 여기서는 픽셀은 물론이고 뉴런, 나노, DNA 같은 작은 미립자 수준의 분석과 합성을 통해 만들어진 사물이나 생물까지도 '디지털 이미지'로 간주할 것이다. 이런 종류의 이미지는 가상이 현실이 되는 "기술적 마술"을 글자 그대로 실현한다. 그런 의미에서 이들 이미지야말로 본격적 의미에서 언캐니한지도 모른다.

'포스트모던'의 문화, '포스트구조주의'의 철학과 디지털의 매체적 특성 사이에는 모종의 평행이 존재한다. 이는 '포스트'의 문화와 철학에 대한 메타적 연구가 필요함을 의미한다. 20세기 후반의 문화적·철학적 현상들의 의미를 이해하려면, 포스트모던과 포스트구조주의의 담론에 매체이론의 관점에서 접근할 필요가 있다. 자칫 매체결정론에 빠질 위험이 있지만, 그 시도가 포스트 현상을 바라보는 새로운 시각을 열어준다. 결론을 선취하여 말하자면, 주체의 죽음, 역사의 종언 등 이른바 '포스트'의 현상들은 문자매체의 자기 종언 선언으로 볼 수 있다.

이미 1950년대에 프랑스의 사유는 역사주의에서 구조주의로 전회를 시작한다. 이는 인문학의 패러다임마저 문자코드를 사용하는 선형적·역사적 의식이 숫자코드를 사용하는 체계적·공학적 의식으로 바뀌는 것을 의미한다. 뒤이어 포스트구조주의는 "텍스트의 바깥은 없다"(데리다)라고 선언했다. 텍스트 문화가 텍스트로는 세계와 인간을 더는 매개하지 못한다고 자인한 셈이다. 실패한 텍스트 대신에 등장한 매체가 바로 새로운 이미지, 즉 디지털 가상이다. 포스트 현상은 문자문화에서 새로운 영상문화로 이행하는 과정에서 발생한 과도기 현상이라 할 수 있다.

문자문화는 인쇄술이라는 기계복제의 태내에서 탄생하여, 윤전기라는 산업혁명 매체에 힘입어 전 사회로 확산될 수 있었다. 하지만 1950년대에 TV 같은 전자매체와 더불어 '정보혁명'의 시대가 열린다. 역사주의에서 구조주의로의 이러한 이행은 선형적 신호를 모니터 위에 공간적 매트릭스로 투사하는 TV의 원리를 닮았다. 전자매체는 아날로그에서 디지털로 진화를 완료함으로써 제 잠재성을 남김없이 발현하고 있다. 후기구조주의 사상가들은 자신들의 새

로운 사유와 이 새로운 물질적·기술적 토대 사이의 연관을 미처 의
식하지 못한 듯하다.

디지털 이미지의 미학

이 책의 목적 중 하나는 디지털 테크놀로지로 인한 미학적 패러다
임의 변화를 추적하는 것이다. 디지털 테크놀로지는 사회의 미감에
도 변화를 일으킨다. 벤야민의 〈기술복제시대의 예술작품〉(1934)은
사진술과 영화술에 기초한 모더니즘 미학의 강령이었다. 오늘날 영
상 제작의 기술적 조건은 크게 달라졌다. 따라서 변화한 기술적 조
건에 맞추어 벤야민의 논문을 고쳐 쓸 필요가 있다. 이 책의 35장
('디지털합성시대의 예술작품')에서는 모더니즘 예술을 이끌어왔던
창작 및 수용의 패러다임이 디지털 시대에 어떻게 변화·수정되고
있는지 추적할 것이다.

　　변화의 요체는 몽타주의 무기적unorganic 미학이 디지털 합성의
유기적organic 미학으로 돌아가는 데 있다. 모더니스트들은 이를 비
판하나, 이것이 단순히 고전주의 미학으로의 회귀를 의미하는 것은
아니다. 디지털 합성은 시각적 파편들을 균열의 흔적 없이 봉합한
다. 여기서 '유기적 총체성'이라는 고전예술의 미학과 '파편들의 조
립'이라는 모더니즘 미학이 묘한 종합을 이룬다. 디지털 사진은 사
진이 아니라, 성격이 전혀 다른 새로운 매체다. 모더니스트들의 오
해와 달리 디지털 합성의 '유기적' 미학은 디지털 매체의 특성에 정
확히 부합한다.

　　이런 측면에서 접근하면 이른바 '모던'과 '포스트모던' 사이의
논쟁도 새로운 시각으로 조망할 수 있을 것이다. 모더니스트들은

디지털 영상에 여전히 사진과 영화의 미학을 적용하려 했다면, 포스트모더니스트들은 변화한 취향을 옹호하면서도 그 변화의 바탕에 깔린 물질적 토대의 변화와 그 변화의 의미를 제대로 의식하지는 못한 듯하다. 모더니즘의 몽타주 미학이 가상의 허구성을 폭로함으로써 '진리의지'Wille zur Wahrheit를 드러낸다면, 디지털 이미지는 진리가 사라진 시대의 허무에 창조의 기쁨으로 대항하는 "가상의지"Wille zum Schein를 대변한다.

이른바 포스트구조주의는 구조의 측면에서 근대적 '주체'를 해체시켰다. 그 대안을 찾으려는 시도가 없었던 것은 아니다. 우리는 후기의 푸코가 고대 그리스인들의 '실존미학'에 영감을 받아 '자아'soi를 복원하려 했음을 알고 있다. 최근에는 미국의 비평가 할 포스터가 라캉 정신분석학의 영향 아래 근대의 영웅적 주체 자리에 주변화한 주체, 즉 상처받은 '외상적 주체'를 내세운 바 있다. 그것은 네오아방가르드의 '언캐니'한 이미지들에 대한 해석을 통해 역사적 아방가르드, 특히 초현실주의의 해방적 기획을 되살리려는 시도라 할 수 있다.

하지만 '혐오예술'을 비롯하여 네오아방가르드의 '언캐니'한 형상들은 1930년대 초현실주의의 그것만큼 전복적이지 못하다. 그것들은 외상적traumatic이라기보다는 차라리 유희적ludic으로 보이기 때문이다. 네오아방가르드는 이미 제도화했다. 어쩌면 포스트구조주의가 이미 해체한 '주체'를 정신분석의 의미에서 '외상적 주체'로 다시 세우려는 시도 자체가 이론적 관성인지도 모른다. 인간은 더는 '주체'subject가 아니다. 주체는 오래전에 해체되었다. 이 책에서는 플루서가 말한 '기획'project을 디지털 시대의 대안적 인간형으로 제시할 것이다.

이 책의 절반가량은 발간을 위해 새로 쓴 것이다. 나머지 절반은 지난 5~6년간 국내에서 열린 각종 포럼이나 심포지엄에서 행한 발표, 기업과 기관 혹은 예술가 단체에서 행한 강연, 그리고 여러 신문이나 잡지에 발표했던 원고다. 물론 기존에 발표했던 원고도 책으로 묶는 과정에서 대폭 수정하고 가필했다. 원래 독립적으로 쓰인 각각의 에세이들이 유기적 전체의 일부가 되게 하기 위함이다. 내 사유의 역사이기에, 초고가 발표된 장소와 시간도 따로 표기해둔다.

　그동안 다양한 주제로 많은 책을 썼지만 그것들 모두를 관통하는 사유 전체를 체계화하고자 시도한 것은 이번이 처음이다. 상이한 계기에 따라 쓴 파편적 글들을 하나의 체계로 만들기 위해 그것들을 봉합선 없이 매끄럽게 잇는 작업이 필요했다. 그런 의미에서 이 책 자체가 디지털 합성사진과 같은 방식으로 만들어졌다고 할 수 있다. 이 책에 결정적 기여를 한 것이 한국의 발달한 IT 인프라가 만들어낸 여러 사회적 사건이었다는 점을 빼놓을 수 없다. 그것들은 그 어떤 이론도 제공할 수 없는 귀중한 영감의 원천이었다.

　이 책이 던지는 물음은 결국 '디지털 혹은 포스트디지털 시대의 인간이란 무엇인가?'이다. 오늘날 테크놀로지는 거의 자연사가 되어 이제 우리는 그것의 본성을 망각하고 살아간다. 특정한 기술을 사용할 때 우리는 미처 의식하지도 못하는 채로 그 기술의 창조자가 그것의 바탕에 깔아놓은 사유의 패러다임까지 받아들이게 된다. 특정 프로그램을 사용할 때 우리는 동시에 그 프로그램에 프로그래밍당하게 된다. 이 책의 목적은 독자를 그 존재망각의 상태에서 일깨워 한 번쯤 우리가 사용하는 기술의 본성을 철학적으로 성찰하는 기회를 제공하는 데 있다.

2012년 어느 날, 한창 이 책의 집필에 몰두하고 있을 때 가와노 히로시川野洋(1925~2012) 선생이 작고하셨다는 소식을 들었다. 그는 컴퓨터가 아직 계산기로만 여겨지던 1960년대 초반 계산기로 이미지를 제작한 컴퓨터 예술의 선구자 가운데 한 분이다. 컴퓨터가 대중을 진정한 사회주의 사회의 프로그래머로 만들어주기를 바랐던 선생은 컴퓨터 산업이 대중을 IT 기기의 수동적 소비자로 만드는 방향으로 발전하는 것을 비판하며, PC를 포함하여 일체의 디지털 기기를 사용하지 않았다. 이 책을 최초의 컴퓨터 예술가이자 최후의 공산주의자에게 바친다.

2014년 4월 27일 풍기에서

1권 차례

3

파타피직스

4

지표의 상실

5

실재의 위기

2권 차례

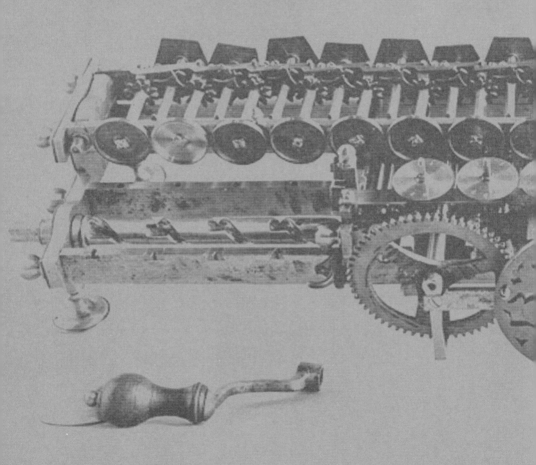

#1

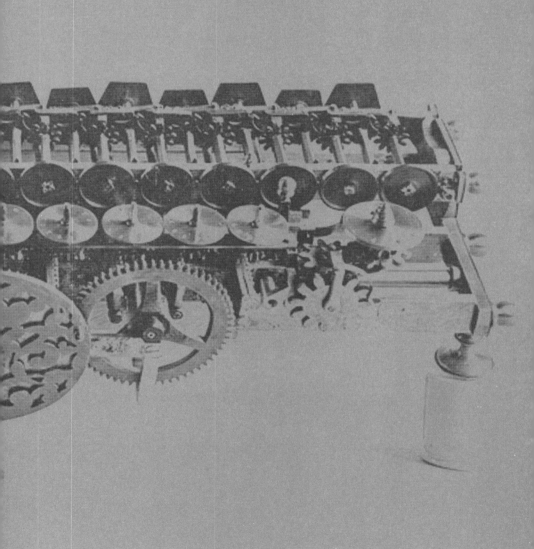

#2

#5

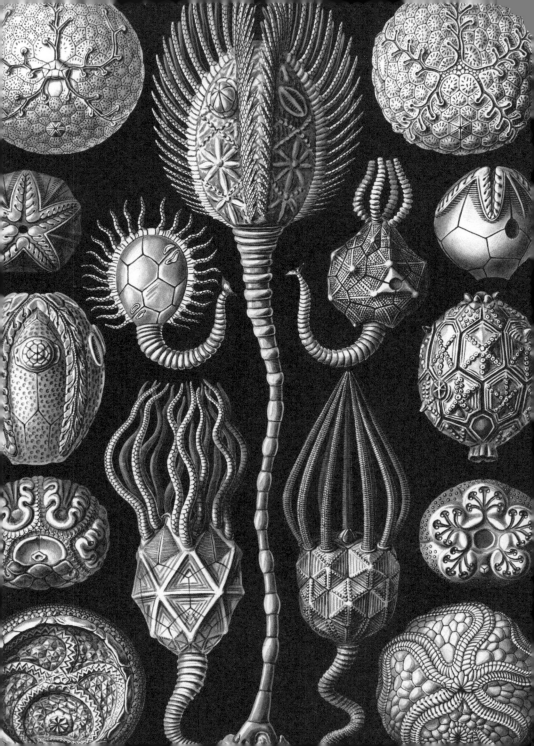

여기서는 빌렘 플루서의 논문 〈디지털 가상〉을 중심으로 먼저 디지털의 존재론과 인간학을 살펴볼 것이다. 이것이 책 전체에 철학적 준거를 제공해줄 것이다. 컴퓨터 테크놀로지는 '주체(인간)-객체(세계)'라는 근대철학의 패러다임을 무너뜨린다. 디지털 시대에 인간은 주체(Subjeckt)에서 기획(Projeckt)으로서 진화하고, 세계는 주어진 것(Datum)에서 만들어진 것(Faktum)으로 변화한다. 테크놀로지는 디지털 가상이라는 완전히 새로운 유형의 이미지를 낳았다. 여기서는 주술시대의 세 가지 전설을 인용하여 디지털 가상이 과거의 아날로그 영상과 성격이 전혀 다른 '기술적 마술'의 산물임을 부각시킬 것이다.

01

디지털 가상

보르헤스Jorge Luis Borges(1899~1986)의 단편 〈원형의 폐허〉에는 밤마다 꿈을 꾸어 아이의 형상을 빚는 어느 늙은 사제의 이야기가 나온다. 그 사제가 모시는 '불'의 신은 어느 날 계시를 내려 노인의 소원대로 그 형상을 현실로 바꾸어준다. 그 아이가 환영에 불과하다는 것은 오직 불의 신과 꿈꾸는 자만이 안다. 꿈으로 빚은 아들은 아비처럼 또 다른 사원에서 불의 신을 모시는 사제가 된다. 오랜 세월이 지난 후 노인은 행인들로부터 저 아래의 사원에 불 속에서도 타지 않는 현인이 있다는 소문을 듣는다. 노인은 그가 아들임을 직감하지만 아들이 자신 때문에 스스로가 환영임을 깨닫지 않을까 노심초사한다. 어느 날 그의 사원에도 화재가 일어나고. 이것이 이야기에 반전을 가져온다.

> 그는 불길로 다가갔다. 그것들은 그의 살을 물어뜯지 않았다. 그것들은 열기가 없이 그를 태우지 않고 보듬듯이 지나갔다. 안도와 굴욕과 공포 속에서 그는 자기 역시 그저 다른 어떤 사람이 꿈꾸어 만든 하나의 환영임을 깨달았다.[1]

우리가 들어 사는 이 세계도 다르지 않을 것이다.

가상의 복권

"왜 가상은 우리에게 거짓말을 하는가?"[2] 빌렘 플루서Vilém Flusser는 이 도발적 물음으로 논의를 시작한다. 사람들이 가상을 불신하는 것은 물론 대안적 세계가 '주어진 것'Datum이 아니라 '만들어진 것' Faktum이기 때문이다. 플루서에 따르면 가상에 대한 불신은 곧 "모든 인공적인 것Künstliches과 모든 예술Kunst"에 대한 불신이라고 한다. 독일어에서 '가상'Schein과 '아름답다'schön는 어원이 같다. 그리하여 "예술은 아름답지만 거짓이다. 그것이 가상이라는 말 속에 포함된 의미다."[3] 이어서 플루서는 오래된 관념을 의문에 부친다. 그렇다면 '현실'은 과연 얼마나 믿을 만한 것일까?

플라톤은 현실이 감각에 비친 가상에 불과하다고 보았다. 그에게 참된 것은 이데아의 세계요, 현실은 그 세계의 그림자에 불과했다. 플라톤처럼 이데아를 믿는 관념론자만 현실을 가상으로 본 것은 아니다. 이데아를 믿지 않는 데모크리토스 같은 유물론자 역시 현실을 가상으로 간주했다. 현실은 그저 감각에 비친 이미지의 향연이요, 이 허깨비의 진정한 실체는 원자의 배열이라는 것이다. 이렇게 철학사의 위대한 두 전통이 모두 현실을 가상으로 간주한다. 그들의 말대로 현실도 거짓이라면, 플루서를 따라 이렇게 묻지 않을 수 없다. 이 세상에 "속이지 않는 것도 있는가?"

플루서의 논변에는 위에서 인용한 보르헤스의 단편과 유사한 반전이 있다. 우리는 가상을 현실과 대비해 거짓이라 비난하지만 그러는 현실도 위대한 철학자들에 따르면 또 다른 가상일 뿐이다. 이렇게 가상과 현실의 차이를 상대화하는 것은 물론 둘 사이에 넘을 수 없는 존재론적 간극을 설정했던 기존의 형이상학을 전복하고, 가상이 현실이 되는 시대를 설명할 새로운 철학적 기초를 마련하기 위한 준비이리라. 디지털 미디어에 관한 플루서의 사유는 철학적 인간학의 지평 위에서—헤겔의 정신현상학을 방불케 하는—'실존'Existenz과 '소외'Verfremdung의 변증법으로 전개된다.

존재에서 실존으로

'실존'Existenz이라는 말이 있다. 철학에서 이 말은 '존재'Sein와 달리 어떤 것이 그냥 있는 게 아니라 제 본질에 합당하게 존재하는 것을 뜻한다. '실존'이라는 말은 '밖'을 의미하는 접두사 'ek'과 '서 있다'를 의미하는 동사 'sistens'의 합성어다. 결국 어원에 따르면 인간의 '실존', 즉 인간이 인간답게 존재한다는 것은 그 무언가의 '바깥에 서 있는 것'ek-sistiert을 의미한다.[4] 그렇다면 무엇의 바깥인가? 물론 자연의 바깥이다. 인간은 자연의 밖에서 자연과 마주 섬으로써 비로소 제작능력이나 언어능력 같은, 동물과 구별되는 인간만의 특성을 획득할 수 있었다.

자연의 바깥으로 나온 인간은 이제 자연을 낯선 힘으로 인식하고 그에 맞서 싸우며 살아야 한다. 성서는 이 힘겨운 과정을 신의 '형벌'로 묘사한다. 낙원에 살던 인간들이 죄의 대가로 그곳에서 추방되어 '노동의 수고'를 하게 된다. 이 〈창세기〉 설화는 '주어진 세계'에서 '만들어진 세계'로 이행하는 과정에 따르는 고통의 신학적 반영이리라. 인간의 실존을 타락사로 간주하기는 헬레니즘 문화도 마찬가지다. 프로메테우스는 인간에게 불을 가져다준 죄로 코카서

스 산에서 사슬이 묶인 채 독수리에게 매일 새로 자라나는 간을 쪼아 먹힌다.

이른바 '원죄'는 어떤 의미에서는 위대한 범죄였다. 신을 거역하는 바로 그 범죄hybris를 통해 인간은 언어능력과 제작능력 등 오늘날 인간의 유적類的 속성을 얻을 수 있었기 때문이다. 신에 의해 주어진 세계를 거부하고 스스로 대안적 세계를 만들어 사는 것 자체가 인간의 '실존'이라는 의미다. 오직 신이 창조한 세계만이 참되고 인간이 고안한 세계는 '가상'이라 할지 모르겠다. 하지만 인간이 인간인 한, 우리는 그 가상과 더불어 살지 않을 수 없다. 주위를 둘러보라. 이미 모든 것이 가상, 즉 인공환경이다.

모상에서 모형으로

늦어도 청동기 시대 이래로 인간은 이렇게 주어진 세계를 만들어진 세계로 바꾸며 살아왔다. 하지만 인간은 이렇게 제힘으로 대안적 세계를 고안하면서도 오랫동안 자신이 그저 신의 설계를 모방한다고 믿었다. 이를테면 중세의 성직자들은 저 하늘 어딘가에 이상적인 구두의 규준이 존재한다고 보았다. 그들은 정신의 눈으로 신발의 이데아를 관조하여 장인들에게 이상적인 구두의 규준을 제시했고, 장인들은 그 규준에 따라 구두를 제작했다. 가격 역시 제작된 구두가 성직자들이 제시한 규준과 얼마나 일치하느냐에 따라 결정되었다.

이때만 해도 '제작'은 여전히 어딘가에 이미 존재하는 모범(이데아)을 모방하는 것으로 여겨졌다. 근본적 변화가 일어나는 것은 근대에 이르러서다. 초기 르네상스의 혁명적 수공업자들은 주문을 받아 제작하는 게 아니라 시장을 위해 생산하기 시작했다. 시장에서 가격은 원상과 모상의 일치가 아니라 수요와 공급에 따라 결정된다. 시장을 위한 생산이 시작되면서 형形을 만드는 것은 전적으로 장인의 몫으로 돌아간다. 주문자는 구두의 형태를 '사전에' 요구하지만 소비자는 구두의 형태를 '사후에' 선택하기 때문이다.

르네상스 이후 제작의 관념이 세속화한다. 이상적인 구두, 즉 구두의 영원불변한 모범이란 관념은 장인들에게 낯선 것이 되어간다. 시장이라는 조건에서 구두의 형태는 하늘의 이데아가 아니라 소비자의 취향에 따르기 때문이다. 장인들 역시 이제 신발의 형태를 결정하는 것은 자신들이며, 시장의 요구에 맞추어 그 형태를 변형하는 것도 자신들이라 믿게 된다. 이로써 제작은 오늘날과 같은 의미에서 '디자인'이 된다. 디자인이란 '이미 있는 것의 모상'을 뜨는 것이 아니라 '아직 없는 것의 모형'을 만드는 작업이다.

관조에서 이론으로

이론의 영역에서도 그에 상응하는 변화가 일어난다. '이론'이란 말의 어원인 '테오리아'Theoria는 '관조', 즉 정신의 눈으로 영원불변한 이데아를 조용히 바라보는 것을 가리켰다. 하지만 제작의 관념이 영원한 모범의 '모방'에서 가변적 모형의 제작으로 바뀜에 따라, '테오리아' 역시 불변의 이데아를 바라보는 것이 아니라 변화무쌍한 현실에서 관찰과 실험에 따라 모형을 만드는 것을 의미하게 된다. 이로써 과거의 '관조'가 오늘날의 '이론'Theorie으로 변모하고,

학자들 역시 성당과 수도원에서 나와 서서히 대학과 기업의 연구실로 자리를 잡는다.

이론이란 관찰과 실험에 따라 아직 없는 것의 모형을 제작하는 활동이다. 이 과정에서 학자들은 모형이 문자보다는 숫자로 더 잘 표현된다는 사실을 발견하고, 그러자 점점 더 숫자로 생각하게 된다. 과거에 세계가 문자로 쓰인 책이었다면 이제 세계는 숫자의 우주로 여겨진다. 오늘날 과학자들은 굳이 자연의 본질이 무엇인지 묻지 않는다. 그들에게 자연이란 그저 방정식들의 총합일 뿐이다. 오늘날 자연은 슈뢰딩거의 파동방정식에서 아인슈타인의 그 유명한 방정식에 이르기까지 온갖 수식이 적힌 거대한 수학책이다.

17세기에 시작된 자연의 수학화는 실천적으로도 중요한 의미를 갖는다. 자연을 수량화하는 것이야말로 자연에 대한 기술적 개입의 전제조건이기 때문이다. 물론 청동기 시대의 인간도 형식적 사유를 했을 것이다. 그리하여 그들도 운하를 건설하기 전 진흙판 위에 건설될 운하의 모습을 기안했을 것이다. 하지만 거기에는 한계가 있었다. 자연에 기술이 개입하려면 운하의 폭, 넓이, 길이, 수량과 유속流速등 그 도면을 일련의 수로 번역해야 한다. 이렇듯 작업의 모형은 숫자로 만들어지기 때문에 그림이나 문자는 자연을 기술하는 데 적합한 수단이 아니게 되었다.

역사적 사유에서 형식적 사유로

문자 대신 숫자로 자연을 기술하게 되면서 인간의 의식에도 커다란 변화가 생긴다. 최초의 이론가들은 주술적 사유와 싸우는 가운데

'역사적 의식'을 발전시켰다. 역사적 의식은 선형적·과정적·논리적 특성을 갖는다. 하지만 사람들이 숫자로 사유하게 됨에 따라 역사적 의식은 퇴조하고 새로이 '형식적' 의식이 등장한다. 이제 중요한 것은 주어진 세계의 모상을 문자로 기록하는 게 아니라 대안적 세계의 모형을 숫자로 구성하는 일이다. 이에 따라 인간의 사유도 역사적·계몽적 의식에서 빠르게 형식적·분석적 의식으로 변해간다.

물론 대부분의 사람들은 지금도 여전히 진보적·계몽적으로 사유한다. 그들은 아직도 세계를 인과관계의 사슬로 파악하고 거기에 개입하여 그 고리를 깸으로써 인간을 필연성에서 해방시키려 한다. 하지만 인문학에서도 공학적 사유로의 전회轉回는 오래전에 시작되었다. 1950년대에 이미 프랑스에서는 역사주의가 퇴조하고 구조주의가 전면에 등장했다. 이는 인문학조차 선형적 사유에서 체계적 사유로 전환하기 시작했음을 의미한다. 이른바 '역사의 종언'은 이 구조주의적 전회의 필연적 결과이리라.

비록 소수지만 세계를 '인과의 연쇄'가 아니라 '주사위 던지기'로 파악하는 이들도 있다. 이들은 진보적·계몽적으로 사유하지 않고 체계적·구조적으로 사유한다. 미래학적으로 사유하는 그들은 이미 존재하는 세계의 모상이 아니라 앞으로 존재할 세계의 모형을 만들어낸다. 이들이야말로 미래사회의 프로그래머다. 플루서는 미래 사회가 자칫 '프로그래밍하는 자'와 '프로그래밍당하는 자'라는 새로운 계급으로 나뉠 수도 있다고 경고한다.[5] 유명한 영화 〈매트릭스〉의 플롯에 비유하자면 전자는 매트릭스의 아키텍트, 후자는 매트릭스의 주민이라 할 수 있다.

연속과 단절

문자 대신 숫자로 사유하려는 경향은 쿠사누스Nicolaus Cusanus(1401
~1464)와 갈릴레이Galileo Galilei(1564~1642) 그리고 무엇보다 데카
르트René Descartes(1596~1650)와 더불어 시작된다. 이 근대철학의
아버지는 세계를 '연장실체'res extensa와 '사유실체'res cogitans로 나
눈다. 이 중에 연장실체는 연속적이다. 즉 물리적 대상에는 빈틈이
없다. 반면 사유실체는 불연속적이다. 정신은 '명석판명'clara et
distincta해야 하기 때문이다. 기만당하지 않고 올바른 사유를 하려
면 우리 정신 속 관념들이 그 자체로 분명해야 하고 다른 것과 명확
히 구별되어야 한다는 것이다.

근대철학은 진리를 '정신과 실재의 일치'adaequatio intellectus ad
rem로 규정한다. 하지만 일치해야 할 정신과 실재는 성격이 다르다.
즉 자연은 연속적이나 숫자는 단절적이다. 따라서 수를 자연에 들이
대면 자연은 수와 수 사이의 빈틈으로 빠져나오게 된다. 17세기의
과학자들이 자연의 수학화를 시도했을 때 가장 먼저 부딪힌 문제가
바로 이것이다. 자연을 인식하려면 먼저 이 연속과 불연속의 모순부
터 극복해야 한다. 이 "근대의 패러독스"는 뉴턴I. Newton(1642~
1727)과 고트프리트 W. 라이프니츠G. W. Leibniz(1646~1716)의 손으
로 해결된다. 그들은 미적분으로 숫자들 사이의 간극을 채움으로써
자연의 모든 것을 형식화할 수 있었다.

이로써 "우리는 전지하고 전능하게 되었다." 하지만 이는 그저
'이론적' 가능성일 뿐이었다. 유감스럽게도 미분방정식은 곧 현실
에는 응용 불가능한 것으로 드러난다. 실생활에서 해결이 필요한

왼쪽부터 쿠사누스, 갈릴레이, 데카르트, 라이프니츠의 모습.

문제들은 대부분 너무 복잡하여 인간의 계산능력으로는 풀 수가 없었다. 그 때문에 인간은 아직 지식을 권력으로 전화轉化할 수 없었다. "전지하나 전능하지는 못한" 이 답답한 상태가 해결되려면 계산기가 필요했다. 17세기에 계산기 제작 붐이 일어난 것은 이와 관련되리라. 라이프니츠 자신도 1670년경부터 모두 다섯 개의 모델을 고안한 바 있다. 적어도 계산이라는 면에서 기계는 "인간보다 우월하다"supra hominem.

17세기의 계산기들은 모두 십진법에 기초한 것이었지만, 당시 라이프니츠는 기계적 계산에 적합한 언어는 이진코드라는 인식을 이미 갖고 있었다. 하지만 '이진법에 기초한 계산'이라는 그의 이상이 실현되기까지는 230여 년을 더 기다려야 했다. 1938년 독일의 공학자 콘라트 추제Konrad Zuse(1910~1995)는 디지털 원리로 작동하는 계산기 Z1을 인류 최초로 제작한다. 이진코드로 짧은 시간에 무

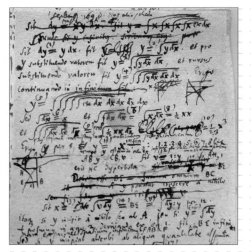

라이프니츠의 미적분 원고

이진법을 표현한 메달

파스칼의 계산기

추제가 제작한 디지털 계산기

수히 많은 연산을 수행하는 컴퓨터와 더불어 17세기 이후 그저 '이론적' 가능성으로만 존재하던 '자연의 정복'이 비로소 '실천적' 가능성으로 전화된다.

비트의 분산

컴퓨터의 등장은 두 가지 결과를 낳았다. 첫째, 그동안 인간의 지적 활동 중 최고의 활동으로 여겨지던 계산능력을 기계화할 수 있음이 드러났다. 그 결과 계산하는 것은 이상적 인간의 격조에 어울리지 않는다고 여겨지게 된다. 이미 17세기에 라이프니츠는 이렇게 말했다. "노예처럼 지하실에서 단순한 계산을 하느라 귀중한 시간을 허비하는 것은 탁월한 인간의 격조에 어울리지 않는 일이다. 그런 과제라면 계산기로 간단히 처리할 수 있을 것이다."[6] 이제 인간은 직접 계산을 하는 과제 대신에 새로이 계산기를 프로그래밍하는 과제, 즉 숫자의 우주를 구조적으로 분석하는 과제를 안게 된다. 이미 컴퓨터가 따로 존재하는 이상 인간이 더는 '계산하는 자'computer에 머물 필요가 없다. 그는 계산하는 일은 컴퓨터에 맡기고 '프로그래밍하는 자'programmer로 진화한다.

둘째, 이 계산기는 놀랍게도 계산만 하는 게 아니라 종합하는 일도 해내는 것으로 드러났다. '컴퓨터'의 어원인 'com+putare'는 '함께+바라보다'라는 뜻을 갖는다. 컴퓨터는 자연의 모든 현상을 0과 1로 분석analysieren할 수 있을 뿐 아니라, 그 어원에 걸맞게 그렇게 분석된 것들을 조합하여 새로운 형상으로 합성synthetisieren할 수도 있다. 이때 탄생하는 것이 바로 '디지털 가상'이다. 과거에 컴퓨터는 그저 계산기에 불과했지만, 오늘날 그것은 영상매체, 나아가 모든 매체를 포섭하는 메타매체가 되었다.

플루서가 말하는 '디지털 가상'은 모니터 위의 이미지만 가리키는 것이 아니다. 앞서 그는 모든 것이 가상임을 암시한 바 있다("속이지 않는 것도 있는가?"). 데카르트는 연장실체에는 빈틈이 없다며 원자론을 부정했지만, 오늘날 물리학은 세계가 미립자로 이루어졌다고 가르친다. 우리에게 사람, 동물, 식물, 기계, 산과 바다로 보이는 모든 것이 실은 우리의 감각에 나타난 가상일 뿐 그 실체는 미립자의 조합이다. 여기서 플루서는 매우 급진적 명제를 내놓는다.

> 이렇게 모든 것이 기만한다면, 모든 것이 디지털 가상이라면—
> 컴퓨터 모니터 위의 합성영상뿐 아니라 이 자판과, 자판을 두드
> 리는 손가락과, 그 손가락을 통해 표현되는 생각까지—그렇다
> 면 '가상'이라는 말은 의미를 잃게 될 것이다.[7]

결국 남은 것은 모든 것이 디지털이라는 사실, 모든 것이 비트bits의 촘촘한 분산이라는 사실이다. 이로써 플루서는 "실재적"이라는 개념을 상대화한다. 가상과 현실의 차이는 질적인 것이 아니라 양적인 것에 불과하다. 어떤 것의 분산이 촘촘할수록 더 현실적이고 듬성듬성할수록 더 잠재적이다. 한마디로 가상과 현실의 차이는 밀도의 차이, 강도의 차이, 해상도의 차이라는 것이다.

이 주장을 어떻게 이해해야 할까? 아마도 '약한 해석'과 '강한 해석'이 가능할 것이다. 전자는 이 주장을 그저 '언젠가 육안으로는 현실과 전혀 구별할 수 없는 가상이 등장할 것'이라는 뜻으로 읽고,

후자는 '언젠가 인간이 만든 가상이 글자 그대로 실물을 대체하게 될 것'이라는 뜻으로 읽는다(이를테면 고해상의 홀로그램으로 이루어진 개와, 복제이지만 동시에 실물인 스너피의 차이를 생각해보라). 플루서는 두 번째 독해까지 염두에 두는 듯하다. 그에게는 이미 "대안적 세계가 주어진 세계만큼 실재적real이거나 주어진 세계가 대안적 세계만큼 유령스럽다gespenstisch."[8]

그림에서 문자로

플루서는 인류의 역사를 실존에 대한 '소외'(낯섦)의 극복과정으로 설명한다. 이를테면 선사Vor-geschichte의 인류는 자연에서 벗어난 후 다시 그것과 화해하기 위해 형상을 만들었다. 구석기인들은 풍만한 여인의 조각을 만들었고 동굴에 벽화를 그렸다. 물론 다산을 기원하는 주술적 행위였다. 주술적 상상력에서는 가상의 원인이 현실의 결과로 이어진다. 아직 세계를 지배할 수 없던 시절, 인류는 세계의 모상을 만들어 그것을 지배함으로써 세계를 통제하려 했다. 하지만 지력이 발달하면서 인간은 점차 주술의 무용성을 깨닫는다. 이로써 인간과 세계는 서로 낯설어진다.

　　이 낯섦을 극복하기 위해 문자숫자 코드Alpha-numerische Kode가 등장한다. 이제 인간은 형상 대신 문자로 세계와 관계를 맺는다. 이로써 이른바 '역사'Geschichte가 시작되고, 주술적 상상은 철학적 혹은 과학적 이성에 자리를 내준다. 이제 중요한 것은 가상과 현실을 넘나드는 상상력이 아니라, 문제의 가상적 해결과 현실적 해결을 분명히 구별할 줄 아는 분별력이다. 역사시대의 인간들은 자연의 인과관계를 냉철하게 관찰해 거기서 발견한 원리와 법칙을 문자로 기록했다.

이 시기에 책은 자연의 거울로 여겨졌다. 세계를 알려면 책을 읽어야 했다. 하지만 전자매체의 등장과 더불어 "구텐베르크 은하"는 서서히 종언을 고한다. 이로써 인간은 오늘날 우리가 속한 이른바 '탈역사'Nach-geschichte의 시대로 접어든다. 문자문화의 위기는 단지 문자가 영상에 밀려나는 데 있는 게 아니다. 진정한 위기는 외려 책이 인간과 세계를 매개한다는 믿음 자체가 무너진 데 있다. 한마디로 텍스트가 세계의 모상이라는 생각 자체에 균열이 생긴 것이다.

> 텍스트는 이제 더는 전달을 하지 못한다. 우리는 그것들 뒤에서 세계의 모상이 아니라 텍스트의 저자로서 우리 자신을 본다(이를테면 고전적 물리학 뒤에서 자연의 모상이 아니라 뉴턴을, 헤겔 철학 뒤에서 인간의 모상이 아니라 헤겔을, 《카라마조프의 형제들》 뒤에서 인간의 영혼이 아니라 도스토옙스키를 본다).[9]

문자에서 그림으로

자연과학의 숫자코드 역시 이 위기에서 자유롭지 못하다. 중세인은 천동설을 세계의 모상으로 여겼다. 하지만 천동설은 세계의 참된 모상이 아니라 그저 중세인의 주관적 관념을 투사한 모형이라는 사실이 드러났다. 그 후 오랫동안 뉴턴 물리학이 세계의 모상으로 여겨졌다. 하지만 아인슈타인의 이론이 등장한 이후 뉴턴의 것 역시 세계의 모상이 아니라 하나의 모형에 불과하다는 사실이 드러났다.

자연의 숫자화－아인슈타인의 중력방정식

우리가 지금 세계의 참된 '모상'이라 믿는 과학 이론들 역시 언젠가는 그저 '모형'에 불과함이 드러날 것이다.

오늘날의 지성계에는 우주의 탄생('빅뱅')에서 우주의 죽음('열사')에 이르기까지 우리가 지금 세계의 참모습이라 믿는 것이 실은 "지금 투사했다가 나중에 회수할 수도 있는" 것, 즉 하나의 투사 Projekt에 불과한 게 아닌가 하는 의심이 존재한다. 이를테면 '쿼크'가 객관적으로 실재하는 존재의 단위인지 아니면 한갓 이론적 구성에 불과한지는 불분명하다. 문자숫자 코드로 된 텍스트는 자연의 모상이 아니라 사용하다 폐기할 수 있는 모형에 불과하다. 이렇게 문자가 세계와 인간을 매개한다는 믿음이 무너지면서 세계와 인간은 다시 서로 낯설어진다.

이 낯섦을 극복하기 위해 또다시 이미지가 등장한다. 하지만 새로 등장한 이미지는 선사시대의 그것과는 다르다. 구석기인의 조각이 3차원의 볼륨이고, 그들의 동굴벽화가 2차원의 평면이며, 문자로 쓰인 텍스트가 1차원의 선이라면, 문자 이후의 이미지는 0차원의 점(비트)으로 이루어진다. 세계를 표상하는 매체는 이렇게 체→면→선→점으로 점점 추상의 수준을 높여왔다. 디지털 이미지는 선사시대의 그것과는 글자 그대로 '차원'이 다르다. 그것은 텍스트로 코딩한 이미지, 즉 "개념적 사유의 메타사유"이기에 실은 텍스트보다 더 추상적이다.

이 새로운 이미지를 플루서는 "기술적 형상"Techno-bild이라 부른다. 가상과 현실의 경계를 넘나든다는 점에서 기술적 형상과 주술적 형상은 언뜻 유사해 보인다. 하지만 둘은 '차원'이 다르다. 주술적 형상이 주관적 상상에 머무르는 반면 기술적 형상은 객관적 현실

로 전환하기 때문이다. 당연히 그 이미지를 산출하는 상상력의 성격
도 차원이 다를 수밖에 없다. 고대인의 상상력이 주술적 상상력이라
면 현대인의 상상력은 '기술적 상상력'Techno-Imagination이다. 인간이
세계를 표상하는 상징형식의 변화를 플루서는 이렇게 요약한다.

> 먼저 인간은 생활세계로부터 한 걸음 물러나 그것을 상상한다.
> 이어서 그는 상상으로부터 한 걸음 물러나 그것을 기술한다. 그
> 다음에 그는 선형적 문자로 쓰인 비판으로부터 물러나 그것을
> 분석한다. 그리고 마지막으로 새로운 상상력에 힘입어 그 분석
> 을 통해 얻은 합성 이미지를 투사한다.[10]

창세기적 기술

하지만 어떻게 이미지로 인간과 세계를 매개할 수 있는가? 플루서
는 여기에 명시적 답변을 주지 않지만, 그의 논지를 토대로 부재
하는 답변을 재구성해볼 수 있을 것이다. 디지털 형상은 '점'으로
이루어진다. 하지만 이 점은 '픽셀'만을 의미하는 게 아니다. 모니
터를 '비트의 분산'이라 부르는 데서 알 수 있듯이 플루서는 그 말
로 미립자Partikel를 가리킨다. 오늘날 과학은 사물을 미립자로 분
석할 뿐 아니라 그것들을 합성한다. 그렇게 탄생한 가상은 그 자
체가 새로운 현실이 된다. 이를테면 '스너피'를 가리켜 개의 복제
라 말하지만 그것은 개의 그림이나 사진이 아니라 또 한 마리의
개다.

플루서는 오늘날 개별 과학의 연구단위가 '미립자' 수준에 도

달했음을 지적한다. "물리학에서만 현상이 미립자로 분해되는 게 아니다. 생물학에서는 유전자로, 신경생리학에서는 단위자극으로, 언어학에서는 음소로, 민속학에서는 문화소로, 심리학에서는 행위소로 분해된다." 미디어 이론가 로이 애스콧Roy Ascott(1934~)은 "우리 후기생물학적 우주의 빅뱅big B.A.N.G."에 대해 얘기한다.[11] 여기서 'B.A.N.G.'은 Bit, Atom, Neuron, Gene의 약자로, 오늘날 과학의 연구단위를 가리킨다. 우리의 물리학은 원자를 분해해 미립자를 연구하고, 생물학은 분자 수준에서 유전자를 연구하고, 신경생리학은 뉴런의 연결을 연구한다.

　　과학은 현상을 입자들로 분석할 뿐 아니라 그것들을 다시 합성한다. 픽셀을 조작해 존재하지 않는 것의 사진을 만들고, 미립자를 전송해 복제하고, 나노단위의 조작으로 새로운 물질을 창조하고, 존재하지 않는 유전자를 새로 합성하기도 한다. 이렇게 존재의 생성단위, 과학의 연구단위, 기술의 조작단위가 일치할 때 사실상 인간은 창조주가 된다. 디지털 가상은 그런 창세기적 기술로 합성한 양자적quantum 이미지이기에 그 자체가 새로운 현실이다. 그렇게 창조한 '대안적 세계'는 신이 아니라 우리가 만든 것이기에, 그 세계와 우리 사이에 낯섦은 있을 수 없다. 이로써 주객동일성이 달성된다.

주체에서 기획으로

플루서의 이론은 이 새로운 시대를 위한 존재론과 인간학이다. 주어진 세계가 만들어진 세계로 교체될 때 고전적 의미의 '객체'Objekt

도 사라진다. 객체란 있는 그대로의 사물, 신에 의해 주어지고 인간이 아직 손대지 않은 세계를 의미하기 때문이다. 오늘날 세계는 이미 주어진 것이 아니라 만들어진 것이 되었다. 객체가 사라지면 그것의 상관자인 주체Subjekt도 존재할 수 없다. 카를 마르크스는 "문제는 세계를 변혁하는 것"이라 말했다. 이 산업혁명의 관념은 이미 낡은 것이 되었다. 문제는 아직 없는 세계를 기획하고 실현하는 것이다.

대안적 세계를 디자인하는 인간은 더는 객체를 인식하고 변형하는 주체가 아니다. 그는 아직 존재하지 않는 세계를 앞으로pro 던져서ject 기술적으로 실현해나가는 존재, 즉 '기획Projekt'이다. 이렇게 우리가 기획이 된 것은 물론 우리의 "자유로운 결정"의 결과가 아니다.[12] 하지만 이 상황을 우리는 어떤 식으로든 헤쳐나가야 한다. 포스트구조주의자들은 '주체의 죽음'을 선언했다. 그들의 말대로 주체는 이제 존재하지 않는다. 하지만 그들은 인간이 어떤 존재가 될지는 언급하지 않았다. 인간은 이제 기획이 되어 넓은 가능성의 세계로 들어가야 한다.

플라톤적 신학은 이를 타락의 상태라며 윤리적으로 비난할 것이다. 하지만 플루서는 대안적 세계를 창조하는 인간의 활동을 미학적으로 긍정한다. 그는 모든 이가 기술적 상상력으로 세계와 자신을 기획하는 예술가가 되는 사회를 꿈꾼다.[13] 니체의 운명애amor fati를 연상시키는 어조로 그는 우리에게 아직 가보지 않은 길을 향해 용감하게 걸음을 내딛으라고 요청한다. '디지털 가상'은 우리 주위와 내부에서 입을 크게 벌리고 있는 공허의 밤을 밝혀주는 빛이다. 우리는 "그런 무無에 대항하기 위하여gegen 그 무 속으로in 자신을 투사(기획)하는 전조등"이다.[14]

데모크리토스, 헤겔 그리고 니체

플루서의 논증은 헤겔의 정신현상학을 물구나무세운 마르크스의 기둥을 연상시킨다. 헤겔에게서 자연이 '외화'Entäußerun를 통해 정신에서 나온다면, 플루서에게서는 거꾸로 인간이 '소외'Entfremdung를 통해 자연에서 나온다. 헤겔의 정신과 플루서의 인간은 모두 자연을 '타자'로 인식하고 그 낯섦을 극복하려 한다. 그 과정에서 헤겔의 정신이 자연으로부터 추상을 거쳐 다시 "절대정신"으로 돌아간다면, 플루서의 인간은 자연으로부터 추상을 거쳐 "비트의 분산"으로 돌아간다. 이렇게 헤겔은 관념론적으로, 플루서는 유물론적으로 주체와 객체 사이의 모순을 극복한다. 헤겔이 플라톤적이라면, 플루서는 데모크리토스적이다.

주객동일성이 성취되면서 역사는 종언을 고한다. 헤겔이 말하는 역사의 종언은 '종말론적'이지만 플루서에게 역사의 종언은 그저 새로운 세계의 시작일 뿐이다. 헤겔이 회고적retrospective이라면, 플루서는 전망적prospective이다. 이 모든 변증법적 운동의 끝에서 헤겔은 일어났던 사건들에 대한 전지全知에 도달한다. 반면 플루서는 그 운동의 끝에서 일어나야 할 사건들에 대한 완전한 무지無知에 도달한다. 헤겔에게 이 모든 것이 '인식'의 과정이라면 플루서에게 그 모든 것은 '제작'의 과정이다. 헤겔이 걸어온 길의 끝에서 플라톤의 신적 관점을 추구한다면 플루서는 가야 할 길 앞에서 니체의 창조적 니힐리즘을 지향한다.

널리 알려진 것처럼 니체는 예술의 창조를 소극적 허무주의에 대항하는 운동으로 보았다. 플루서 역시 인간을 "무無에 대항하기 위하여 그 무 속으로 자신을 투사하는 전조등"으로 규정한다. 니체에게 "진리보다 중요한 것은 예술이다." 그에게 진리가 사라진 세계의 허무를 견디게 해주는 것은 "가상을 향한 의지"Wille zum Schein뿐이다. 플루서가 말하는 기획으로서 인간도 다르지 않다. 그는 미립자를 합성하여 가상을 제작하는 존재이며, 그렇게 제작된 디지털 가상은 그 자체로 현실이 된다. 니체에게 '참된 세계'가 한갓 '우화'Fabel였듯이 플루서에게도 현실은 한갓 가상, 즉 비트의 분산일 뿐이다. 여기서 가상과 현실의 고전적 구별이 사라진다. 니체는 말한다.

> 우리는 참된 세계를 없애버렸다. 어떤 세계가 남았는가? 가상세계? ……천만에. 참된 세계와 더불어 우리는 가상세계도 없애버린 것이다.[15]

헤겔에게 정신의 자기인식 과정은 동시에 정신의 자기실현 과정이기도 하다. 그 모든 운동의 끝에서 세계는 완전한 현실성Wirklichkeit에 도달한다. 하지만 플루서의 세계는 그 모든 운동의 끝에서 완전한 잠재성Virtualität에 도달한다. 비트의 분산으로 파악된 세계는 그 어떤 것으로든 변형 가능한 완전한 가소성Plastizität을 갖는다. 헤겔에게서 주체가 지양되어 그저 절대적 인식의 한 계기가 된다면, 플루서에게서 주체는 지양되어 절대적 창조의 '기획'으로 거듭난다. 그런 의미에서 플루서의 이론은 헤겔의 정신현상학을 데모크리토스 원자론의 현대적 버전(양자론)으로 물구나무세운 뒤, 니체의 미적 형이상학으로 재해석한 새로운 유형의 유물론이라 할 수 있다.

02

탈역사적 마법

라스코 동굴에 살던 사람과 피렌체에 사는 메디치 가문 사람에게 오늘날의 그림 중 많은 것이 움직인다는 설명을 한다고 하자. 그러면 오해가 빚어질 것이다. 라스코인ㅅ은 그 그림이 동굴에서 동굴로 옮겨 다닌다고 생각할 것이고, 피렌체인은 사람들이 방의 벽 대신 캔버스에 그림을 그리기 시작한 이후로 자기 그림도 움직인다고 주장할 것이다. 따라서 우리는 (……) 움직이는 것은 액자 안에서 보는 광경이라고 추가로 설명해야 할 게다. 그러면 라스코인은 동굴 벽에 횃불이 어른거리듯이 우리 그림 위로 그림자가 움직이는 것이라 생각할 것이다. 그러면 그에게 우리의 그림자는 색깔이 있으며 벽 위에서 움직일 뿐 아니라 벽 안에서 튀어나와 그 속으로 되돌아가는 것처럼 보인다고 설명해야 할 것이다. 피렌체인은 그런 그림은 창문이라고 할 것이다. 그러면 그 그림에서는—창문에서처럼—관찰되는 광경만이 아니라 내다보는 눈도 움직여 광경 속으로 육박해 들어가거나 멀리 떨어져 나올 수도 있다고 대답해야 할 것이다. 더 혼란시키기 위해 그 움직이는 그림에서는 소리도 난다고 덧붙이자. 그러면 라스코인과 피렌체인 모두 처음엔 그 그림들이 동굴에서 동굴로, 혹은 교회에서 교회로 운송되는 과정에서 덜거덕거리는 것으로 이해할 것이다. 그러다 얼마 후 그 움직이는 그림자들이 명계冥界의 비밀에 대해 속삭이는 것이라 추측할 것이다. 우리는 그들에게 그 그림 속의 움직이는 형상들이 큰 소리로 말하고, 웃고 노래하며, 그림 안에서 천둥이 치고 빗방울 떨어지는 소리가 나며, 무엇보다도 그림이 움직이는 전 과정에 다른 소리, 이를테면 음악 소리가 동반된다고 설명해야 할 것이다. 그러면 라스코인은 단호하게, 피렌체인은 머뭇거리며 그런 그림들은 대안적 실재라고, 또 다른 현실이라고 주장할 것이다. 거기에 우리는 동의하지 않을 수 없을 것이다.[16]

이 인용문에는 기술적 형상 앞에서 구석기인과 르네상스인이 느꼈을 당혹감이 묘사되어 있다. 그 당혹감은 마법 앞에서 느끼는 섬뜩함uncanny에 가까울 것이다. 그것은 아마도 영화 '해리포터' 시리즈에서 호그와트 마법학교의 벽에 걸린 타블로tableau를 보며 우리가 느낀 감정과 비슷할 것이다. 이 글에서 플루서가 가리키려는 것은 아마 텔레비전이었을 것으로 보인다. 그렇다면 이 상상의 놀이를 텔레비전이 처음 도입되던 때인 1950년대 미국인으로 연장해보자. 그들에게 오늘날의 모니터는 그저 움직이고 소리를 내는 수준을 넘어 관객과 상호작용까지 한다고 설명한다 하자. 거기에 그들은 뭐라고 대답할까?

그들은 이 말을 은유로 이해하여 수용미학과 비슷한 논변을 펼칠 것이다. 즉 텔레비전 시청은 수동적 행위가 아니라 영상의 빈 곳을 채워넣는 적극적 행위이며, 그런 의미에서 자신들도 이미 영상과 심리적 상호작용을 한다고 대꾸할 게다. 이는 실제로 맥루언 Marshal Mcluhan(1911~1980)이 텔레비전을 쿨미디어로 규정하며 폈던 논변이기도 하다.[17] 그러면 우리는 그들에게 다시, 우리의 모니터는 인간과 심리적으로가 아니라 물리적으로 상호작용을 한다고 알려줄 것이다. 그러면 그들은 그것을 '마법' 혹은 'SF'라 부르며, 그런 영상은 "대안적 실재"라고, "또 다른 현실"이라고 주장할 것이다.

마법으로서 영상

원래 형상의 제작은 주술적 행위였다. 피그말리온의 조각상은 현실의 여인이 되어 받침대에서 걸어 내려왔다. 그 시절 형상의 제작자는 동시에 마술사이기도 했다. 다이달로스는 마술이 기술로 넘어가는 과도기의 인물이다. 그는 기술자였지만, 여전히 자신이 제작한 날개를 어깨에 달고 하늘을 날았다. 오늘날과 같은 의미에서 최초의 예술가는 아마 제욱시스Zeuxis(기원전 5세기경)일 것이다. 그가 그린 포도넝쿨에 새가 날아들었지만 새들은 그 포도를 따 먹을 수 없었다. 그 포도는 한갓 눈속임, 즉 가상에 불과했다. 이렇게 가상과 현실이 명확히 분리될 때 형상은 주술의 수단이 아니라 예술의 객체가 된다.[18]

　마술에서 풀려난 후에도 형상에 대한 놀라움은 존재했다. 조토 Giotto di Bondone(1266/7~1337)가 비잔틴 양식에서 벗어나 르네상스로 첫발을 내디뎠을 때 그의 성화를 본 관객들은 그림이 아니라 실물을 보는 듯하다며 묘사의 사실성에 경악했다. 이렇게 시작된 환영주의 기법은 15세기에 이르러 완성에 도달한다. 알베르티Leon Battista Alberti(1404~1472)는 《회화론》에서 시간적·공간적으로 떨어진 인물을 지금 여기에 데려다놓는 회화의 능력을 '신성한 힘'

*forza divina*이라 불렀다.[19] 환영주의의 테크닉은 기계복제 이전에도 거의 마술처럼 여겨졌던 것이다.

사진은 그 이상의 충격을 주었을 것이다. 사진은 사실성이 회화를 능가하기 때문이다. 발터 벤야민Walter Benjamin(1892~1940)은 초창기 사진이 '아우라'로 감싸여 있었다고 지적한다.[20] 아우라는 형상에 집요하게 들러붙는 주술적 분위기를 가리킨다. 롤랑 바르트 Roland Barthes 역시 사진 이미지를 '유령'spectre이라 불렀다.[21] 뤼미에르Lumière 형제의 영화 〈시오타 역에 도착하는 기차〉(1985)를 보던 관객들은 "물리적으로 위협받은 듯이 느끼며 패닉에 빠졌다"라고 한다. 《슈피겔》지誌의 이 보도가 "영화의 건국신화"를 만들었다고 의심받기도 하지만,[22] 실물 크기의 환영이 눈앞으로 육박하는 장면은 당시 관객들에게 강렬한 충격을 주었을 게 틀림없다.

예술가의 전설

모든 이미지는 선사시대부터 전해온 신화적·마술적 분위기를 갖고 있다. 디지털 테크놀로지와 더불어 그 마법은 심리적 효과가 아니라 물리적 사실이 된다. 역사이후의 '기술적 상상력'에서는 앞선 두 시대의 상징형식, 즉 선사시대의 상상력과 역사시대의 기술적 이성이 하나로 종합된다. 기술적 상상력으로 만들어낸 디지털 형상은 이성적·기술적 성격을 띠는 동시에 신화적·마술적 특성을 갖는다. 산업혁명의 합리적 기술과 구별되는 마술적 기술은 역시 마술적 유형의 이미지를 만들어낸다. 그 이미지의 특징을 살펴보기 위해 아주 오래된 예술가의 전설로 돌아가보자.

중국에는 이미지의 마술에 관한 전설이 세 가지 있다. 그중 첫째 전설은 벤야민을 통해 우리에게 전해진다. "예술작품에 집중하는 사람은 그 안에 침잠한다. 어느 중국 화가가 자신의 완성된 작품을 보고 그렇게 했던 것처럼 그림 안으로 들어간다."[23] 둘째 전설은 《수형기》水衡記(1628~1639)의 고사故事다. 양梁나라의 장승요張僧繇가 금릉에 있는 안락사安樂寺 벽에 그려진 용의 눈에 눈동자를 찍자 용이 벽에서 나와 승천했다고 한다.[24] 마지막 전설에 따르면, "언제인가 중국의 한 황제가 궁정 수석 화가에게 그가 궁궐에 그렸던 벽화를 지워버리라고 하명"했다. "그 벽화 속의 물소리가 잠을 설치게 한다"고![25]

첫째 전설에서는 인간이 가상으로 걸어 들어가고, 둘째 전설에서는 가상이 현실로 튀어나오고, 셋째 전설에서는 가상이 살아 움직인다. 이 세 가지는 이미 기술적으로 실현되었다. 이 첫째 마술을 우리는 '가상현실'virtual reality이라 부른다. 이른바 '몰입기술'을 통해 현실의 주체는 가상의 세계에 입장한다. 둘째 마술은 '증강현실' augmented reality이라 불린다. 여기서는 영상인식, 위치추적 등을 통해 가상의 좌표를 현실적 좌표와 매치함으로써 가상이 현실의 공간에 중첩된다. 셋째 마술은 '인공생명'artificial life이라 부른다. 오늘날 이미지는 '진화 알고리즘'을 통해 스스로 증식하고 진화한다.

디지털 이미지는 살아서 인간과 상호작용하는 이미지다. 이를테면 '가상현실'에서는 가상의 환경이 인간의 움직임에 따라 실시간으로 모습을 바꾸고, '증강현실'에서는 가상의 정보가 위치정보와 영상인식 등을 통해 정확히 현실과 매치되어야 한다. '인공생명'의 본질은 오토포이에시스autopoiesis에 있으나, 동시에 생명처럼 외부 자극에 반응하도록 프로그래밍된다. 뉴미디어 아트는 관객을 참여시키기 위해 대부분 인공생명에 '인터랙티비티'의 특성을 구현한다. 그런 의미에서 디지털 이미지의 이 세 모드는 인터랙션의 세 유형이라 할 수 있을 것이다.

가상현실과 증강현실

제프리 쇼 Jeffrey Shaw(1944~)의 〈읽을 수 있는 도시〉(1989~1991)는 가상현실 예술의 고전이다. 이 작품의 관객은 인터페이스로 제공된 자전거를 타고 암스테르담이나 뉴욕 맨해튼의 구조를 재현한 가상의 도시를 탐험하게 된다. 다만 건물의 외양은 거대한 문자들로 표시된다. 그 문자들은 해당 건물과 관련된 정보를 담고 있다. 이미지를 텍스트로 대체한 것은 메모리의 한계에서 기인하지만, 이로써 자전거 여행은 도시공간을 탐험하는 것이자 데이터베이스를 탐색한다는 의미를 갖게 된다. 제 그림 속으로 들어갔다는 중국 화가의 전설은 여기서 글자 그대로 실현된다.[26]

〈금송아지〉(1994)는 증강현실을 이용한 작품의 예다. 조각상이 놓여 있어야 할 받침대에는 아무것도 없다. 하지만 휴대용 모니터를 통해 보면 그 빈 곳에 가상의 금송아지가 나타난다. 그 모니터는 손에 들린 각도에 따라 실시간으로 시점을 바꿔주기 때문에, 관객은 마치 현실의 금송아지를 투명한 창문을 통해 보는 것처럼 느끼게 된다. 가상에 불과한 그 금송아지의 표면에는 현실의 공간이 반영된다. 전시될 공간의 인테리어를 미리 촬영해 입력해놓았기 때문이다. 이로써 가상의 객체가 현실로 나온다는 전설이 실현된다. 안

1장 디지털의 철학

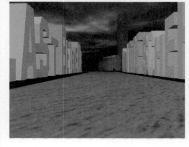

제프리 쇼, 〈읽을 수 있는 도시〉 연작, 1989~   제프리 쇼, 〈금송아지〉, 1994년
1991년
맨해튼, 1989년
암스테르담, 1990년
카를스루헤, 1991년

락사의 용이 〈출애굽기〉의 금송아지로 바뀌었을 뿐이다.[27]

쇼의 인터페이스는 신체 전체를 사용하도록 디자인된다. 그래서 관객은 가상과 상대하면서도 자신의 육체성을 느끼게 된다. 쇼는 이런 방식으로 신체 체험이 가상과 현실에서 어떻게 달라지는지 드러낸다. 이를테면 〈읽을 수 있는 도시〉의 자전거로 가상의 도시를 산책하다가 핸들을 꺾어 건물로 돌진하면, 신체와 자전거가 그대로 벽을 통과해 순간 관객은 자신이 유령이 된 느낌을 받는다. 쇼의 작품에서 자아는 가상과 현실을 오가며 탈脫신체화와 재再신체화를 반복한다. 쇼의 표현대로, 디지털 시대의 인간은 "봉합선 없이 이어지는 아찔한 축을 따라 현실과 가상의 사이를 오가는 파타피지컬한 종種"[28]이다.

미립자와 인공생명

한편 카를 심스Karl Sims(1962~)의 애니메이션 〈미립자의 꿈〉(1988)은 플루서의 존재론을 시각화한 듯하다. 거기서 미립자들은 모였다가 헤쳤다가 다시 모이면서 형상들이 생성과 소멸을 반복한다. 우리의 맥락에서 흥미로운 것은 거기 등장하는 폭포다. 현실의 폭포를 카메라로 촬영해 재생할 경우 얼마 동안 시간이 흐르면 동일한 장면이 루프를 그리며 반복될 것이다. 하지만 심스의 것은 동일한 장면의 반복 없이 글자 그대로 살아서 움직인다. 폭포를 이루는 입자들 각각의 운동을 일일이 데이터병렬data-parallel 컴퓨테이션으로 시뮬레이션했기 때문이다. 황제의 수면을 방해했다는 전설 속의 폭포 그림이 마침내 기술적으로 실현된 셈이다.[29]

1장 디지털의 철학

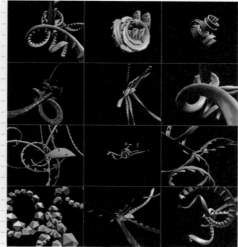

카를 심스, 〈미립자의 꿈〉에 등장하는 폭포, 1988년   카를 심스, 〈갈라파고스〉 이미지, 1997년

심스는 미립자 시스템과 더불어 인공생명도 사용한다. 이미지를 진화시켜 독특한 형태와 구조와 질감을 가진 새로운 그래픽을 얻기 위해서다. 〈판스퍼미아〉Panspermia(1990)에서 그는 진화 알고리즘으로 지구에는 없으나 다른 행성에는 있을 수도 있는 식물의 형태를 얻는다. 〈진화한 가상생물〉(1994)은 이 범위를 동물까지 확장한다. 그렇게 탄생한 가상생물들 중 어떤 것은 지구의 동물에게서는 볼 수 없는 독특한 이동방식을 보여준다. 여기서 인공생명은 잠재성의 영역을 탐색하는 도구가 된다. 〈갈라파고스〉(1997)는 관객으로 하여금 살아남을 적자를 선택하게 함으로써 가상생물들의

진화 방향을 결정하게 한다. 선택의 기준은 '아름다움'이다.[30]

심스의 진화 알고리즘은 "무작위적 변주와 시각적으로 흥미로운 것의 생존"으로 요약된다. 컴퓨터가 형상들을 무작위적으로 변주하면, 인간은 거기서 미적으로 흥미로운 종을 신속하게 선택하고, 그 결과는 다시 컴퓨터가 변주할 유전자의 풀pool에 받아들여진다. 이는 "유저가 창의적 탐색을 하도록 돕는 시스템"일 수도 있고, 컴퓨터가 "유저로부터 인간의 미학에 대해 배우려 하는 시스템"일 수도 있다. "뭐라 부르든, 그것은 유저와 컴퓨터로 하여금 상호작용을 통해 서로 협력함으로써 단독으로는 생산해낼 수 없었을 결과들을 산출하게 해준다."[31] 여기서 인간과 가상은 인터랙션을 통해 공동의 창조주가 된다.

탈역사적 마법

선사시대의 인간은 세상의 모든 것이 살아 있다고 느꼈다. 이런 세계감정을 '애니미즘'animism이라 부른다. 역사적 사유에 밀려났던 이 주술적 감정이 기술의 힘으로 되살아오고 있다. 가상건축의 선구자 마르코스 노박Marcos Novak(1957~)은 사이버 공간에 마술적 애니미즘이 숨어 있음을 지적한다.[32] 그 공간은 "살아animistic 움직이고animated 변신한다metamorphic."[33] 하지만 살아 있는 것은 가상공간만이 아니다. 요즘은 곳곳에 산포된 RFIDRadio-Frequency Identification로 인해 현실공간마저 거대한 신경망을 가진 생명체로 바뀌고 있다. 우리는 이제 기계가 말을 걸어온다 해도 놀라지 않는다. 그것은 이미 일상에 속한다.

오비디우스Publius Ovidius Naso(기원전 43~기원후 17/18)의《변신
이야기》metamorphoses는 인간이 동식물을 제 선조나 친족으로 여기
던 '토테미즘'totemism의 기억을 담고 있다. 역사시대에 인간은 자신
을 애써 동물과 구별지으려 했다. 그러던 인간이 최근 자신이 동물
과 친족임을 다시 강조하고 나섰다. "우리가 동물에게서 발견하는
이른바 '인간적 특성'은 실은 우리가 그들과 공유하는 동물적 특징
에 불과하다."[34] 이제 인간과 동물의 차이는 질적인 것이 아니라 양
적인 것으로 간주된다(초파리는 74퍼센트, 침팬지는 98.8퍼센트 인간과
친족이다). 생명공학을 통해 이미 여러 동물이 종간 장벽을 넘어 인
간과 유전자를 나눴다. 형질 전환 생명체는 바이오엔지니어링 시대
의 새로운 '토템'이다.

선사시대의 세계에는 일상과 몽상, 현실과 가상이 중첩되어 있
었고 두 세계는 '샤머니즘'shamanism이라는 선사적 테크네로 매개되
었다. '샤만'이라 불리는 주술사는 댄스나 약물로 자신과 타인을 환
각에 빠뜨렸다. 샤만은 인간이 '대안적 세계'와 접속하는 선사시대
의 인터페이스였다. 환각 속에서 그들은 현실에서 소망의 세계로 입
장하고, 사후세계의 영혼들을 현실로 불러냈다. 로이 애스콧에 따르
면, 우리 역시 "생태공간의 물리적 현전, 영적 공간의 신비적 현전,
가상공간의 원격 현전, 나노공간의 진동 현전"의 중첩된 존재다. 이
현전[35]의 모드 사이를 오가게 해주는 테크놀로지의 '그루'guru들은
디지털 시대의 '샤만'이다.

벤야민에 따르면, 아우라 체험은 "인간사회에서 볼 수 있는 반응형 식을, 무생물이나 자연적 대상과 인간 사이에 존재하는 관계로 옮겨놓는 데" 그 본질이 있다. 결국 형상의 주위를 감싸는 '아우라'는 애니미즘과 토테미즘의 잔재인 셈이다. 디지털 이미지에서는 이 원시의 자연감정이 현대적 기술로 실현된다. 벤야민은 최초의 기술형상, 즉 초창기 사진에서 이 "대립적 요소"의 모순적 결합이 독특한 분위기를 만들어낸다고 지적한다. "가장 정밀한 기술exakteste Technik이 그 소산물에, 그림이 우리들에게 줄 수 없는 마술적 가치 magischen Wert를 부여한다."[36] 이 언급은 디지털 이미지에도 그대로 적용될 수 있을 것이다.

이미지는 "양상tone에서는 신화적이고 지향orientation에서는 마술적"[37]이다. 그것을 탈마법화하기 위해 문자가 발명되었다. 그후 신화적·마술적 의식은 억압되고, 그 자리에 역사적·논리적 의식이 들어선다. 유태의 선지자들이 얼마나 엄격하게 형상을 금지하고, 그리스의 철학자들이 얼마나 신랄하게 신화를 조롱했던가. 하지만 테크놀로지는 역사적·논리적 의식이 몰아냈던 마술을 다시 불러낸다. 하지만 이는 어디까지나 역사이전이 아니라 역사이후의 현상, 즉 "역사이후의 마법"이다. 디지털 가상은 주술적 형상이 아니라 기술적 형상이기에 사실 거기에는 원래 아우라가 있을 수 없다. 기술 앞에서 자연은 비밀스러움을 잃기 때문이다.

그럼에도 불구하고 지금 복귀한 것은 언젠가 '억압'되었던 것이다. 그래서 그 되돌아옴에는 어쩔 수 없이 어떤 섬뜩함이 따른다.

'억압된 것의 회귀'return of the repressed. 이는 프로이트가 내린 '언캐니'Uncanny의 정의와 일치하기 때문이다. 디지털 가상의 애니미즘을 지적하며 노박은 이렇게 덧붙인다. "우리는 가상성이라는 특징을 가진 문명을 건설하고 있다. 이 가상성의 경향은 (……) 모든 것을 낯익은 것familiar과 낯선 것alien의 합금으로 변경시키려 한다."[38] '낯익은 낯섦.' 이 역시 공교롭게도 언캐니의 구조에 대한 프로이트의 정의를 반복한다. '언캐니'는 디지털 이미지의 존재론적 특성이다.

디지털 테크놀로지는 현실과 가상의 경계를 약화한다. 여기서는

세 명의 작가를 들어 오늘날 사진 속에 이 현상이 어떻게 나

타나는지 살펴본다. 가상현실과 증강현실 기술을 통해 오

늘날 현실과 가상은 서로 자리를 맞바꾸고 있다. 미디

어아트의 예도 빼놓을 수 없다. '가상과 현실의 관계'

를 다시 정의하는 것은 미디어아트의 특권적 주제이기 때문이다. 본디 '가상성'(virtuality)이라는 말은

'허구성'과 '잠재성'을 동시에 의미한다. 플라톤 이후 철학이 가상을 그저 허구로 여겼다면, 오늘날 가

상은 그냥 가짜가 아니라 실현해야 할 잠재성으로, 그리하여 또 다른 모드의 실재로 정의된다.

2장 리얼 버추얼 액추얼

03

파사드 프로젝트

가상의 구제

한성필의 〈마그리트의 빛〉(2009)은 보수공사를 위해 잠시 차단된 브뤼셀의 '마그리트 박물관'을 보여준다. 열어젖힌 커튼 사이로 보이는 것은 마그리트R. F. G. Magritte(1898~1967)의 작품 〈빛의 제국〉(1953~1954)의 복제. 전경, 중경, 후경으로 이어지는 세 개의 가로등이 현실과 가상의 경계를 슬쩍 흐린다. 저 그림은 덧없는ephemeral 이미지다. 잠시 어떤 것의 부재를 보충하다가 공사가 끝나면 그 세계로부터 철거될 것이다. 퍼포먼스나 설치예술이 후에 자료로만 그 흔적을 남기듯 방진막防塵膜 위의 그림은 사진으로만 영속성을 얻는다. 한성필은 그 가상의 덧없음을 미적으로 구제한다. 외젠 앗제 Eugène Atget(1857~1927)가 사라져가는 파리의 낡은 건물들을 사진으로 구제했다면, 한성필이 구한 것은 건물이 아니라 잠시 그것을 둘러싼 껍질이다.

이 덧없는 가상을 구제하기 위해 한성필은 전 세계를 돌아다닌다. 어떻게 보면 존재했던 사실을 기록하는 냉정한 유형학typology 작업으로 보이지만 어스름한 빛 속에 잠긴 영상에서는 분류학적 냉정함이 아니라 풍경화 같은 분위기가 느껴진다. 여기서 복제의 피상성은 묘하게도 원본의 아우라와 결합한다. 그 분위기는 매직 아

한성필, 〈마그리트의 빛〉, 2009년

위 magic hour의 진짜 빛과 인공조명이라는 가짜 빛을 뒤섞어 만들어 낸 것이다. 방진막 위의 그림은 스스로 빛을 내는 뉴미디어가 아니다. 그것은 외려 고색창연한 올드 미디어에 속한다. 스스로 빛을 내지 않기에 그의 피사체들은 자연광과 인공광이 뒤섞이는 어스름 속에서 마치 한 편의 풍경화처럼 시적 분위기를 갖는다.

벤야민의 말대로 복제기술은 아우라를 파괴한다. 마그리트의 원작은 아우라를 갖겠지만, 그것이 사진으로 복제되어 대형 출력물로서 차단막 위에 인쇄된 채 공공의 장소에서 가차 없이 노출되면 사정이 달라진다. 이는 같은 대상을 촬영한 다른 이의 사진을 보면 확실히 알 수 있다. 그 사진 속에서 〈빛의 제국〉은 그야말로 관광객의 눈을 끌기 위한 싸구려 키치로 보인다. 마그리트의 그림을 한성필의 사진 전체와 비교해보라. 그 차이가 확연히 드러날 것이다. 한성필의 사진 역시 다른 이의 싸구려 복제사진과 다르지 않게 시뮬라크르, 즉 원작을 복제한 것을 다시 복제한 것에 불과하다. 하지만 한성필의 사진에서는 파괴되었던 분위기가 슬며시 회복되어 있다.

재현에서 제현으로

하지만 사라져가는 이미지를 구하는 것이 한성필의 유일한 관심사는 아니다. 그의 주요한 관심은 외려 다른 데 가 있다. 한성필은 복제를 복제함으로써 '재현'을 주제화한다. 복제의 복제는 실물과 가상의 차이를 흐려버린다. 현실과 가상의 차이도 인화지 위에서는 사라진다. 현실의 대상이나 가상의 객체나 이차원 평면 위에서는 어차피 똑같이 가상의 지위를 갖게 된다. 그의 사진 속에서 현실의 건물과 그 위에 그려진 가상의 이미지를 구별하기란 어렵다. 진짜 빛과 가짜 빛이 경계선 없이 뒤섞이듯 화면에서 가상과 현실은 뚜렷한 경계선 없이 어지럽게 뒤엉킨다. 빛으로 연출된 사진의 회화적 분위기 역시 실물과 그 위의 그림을 구별하기 어렵게 만든다.

"사진도 재현이고, 회화도 재현입니다." 트롱프뢰유trompe l'oeil는 회화와 사진의 경계를 의도적으로 흐린다. 그것을 다시 사진으로 찍으면 그 흐릿한 경계마저 완전히 사라져버린다. 인화지 위에서 현실의 피사체는 가상으로 의심되고, 가상은 현실의 피사체로 착각된다. 〈사진적 데칼코마니 대 회화적 데칼코마니〉(2007)를 통해 작가는 이 놀이를 더욱 급진화한다. 왼쪽 이미지에서 벽에 번지는 노란 불빛은 실제 조명이고 오른쪽 이미지의 노란 불빛은 붓으로 벽에 그려 넣은 것이다. 하지만 딥티콘diptychon으로 병치된 두 이미지는 존재론적 위상의 차이를 잃어버린다. 회화적 가상은 슬쩍 현실의 피사체로 행세한다. 이런 전략을 작가는 재현再現과 구별하여 '제현'製現이라 부른다.

〈움직이는 박물관〉(2007)에서는 조각적 수단이 사용된다. 딥티콘 속의 왼쪽은 어느 박물관에 전시된 미니어처 모형을 촬영한 것이다. 이 사진을 바탕으로 작가는 피사체와 똑같은 미니어처를 제작한다. 사진의 피사체를 실물로 제작하는 것은 사진으로만 남은 도도새를 복원하는 것이나 다름없다. 모델은 앞서 존재하는 모범Vor-bild이고 사진은 나중에 따라오는 모상Nach-bild이지만, 피사체를 미니어처로 되살리는 순간 외려 사진이 모범이 되고 모델은 모상이 된다. 제작된 미니어처는 다시 사진으로 찍힌다. 이렇게 현실은 가상이 되고 그 가상은 현실이 되고 그 현실은 다시 가상이 되는

한성필, 〈사진적 데칼코마니 대 회화적 데칼코마니〉, 2007년

한성필, 〈움직이는 박물관〉, 2007년
왼쪽부터 박물관에 있는 미니어처를 작가가 촬영한 것,
가운데는 촬영한 사진을 바탕으로 미니어처를 제작한 것,
그것을 촬영한 사진이 오른쪽이다.

재현과 재현의 복합한 놀이를 통해, 현실과 가상은 자리바꿈을 계속한다.

파사드 프로젝트

어느 시점에선가 방진막은 '환경미화'를 위해 억지로 그림을 그려 넣은 어이없는 표면에서 새로운 예술의 현장으로 변모했다. 거기에는 몇 가지 배경이 있다. 먼저 오늘날에는 건물이 일종의 인터페이스로 진화하고 있다. 길을 걷다가 대형 전광판 위로 흘러가는 영상을 보는 것은 이미 일상이다. 게다가 디지털 테크놀로지는 원본과 복제의 경계를 흐리고, 가상과 현실을 뒤섞어놓는다. 팝아트가 만들어낸 대중 취향, 설치작품이 확장시킨 예술 개념, 작품을 미술관 밖으로 끌어낸 공공예술 프로젝트 등도 방진막이 미디어로 진화하는 데 계기가 되었을 것이다. 이처럼 방진막 속에는 이 시대의 기술적 조건과 문화적 기억이 집약되어 있다.

  '얼굴'과 '아케이드'를 합성한 말인, 한성필 작가의 전시회 제목('facade: face-cade')은 슬며시 벤야민의 '아케이드 프로젝트'를 암시한다. 19세기에 형성된 파리의 아케이드는 "자본주의적 모더니티의 근원"[1] 이다. 벤야민은 파리의 아케이드가 그 고풍스러운 꿈 속에 20세기를 해독할 열쇠를 품고 있다고 보았다. 기계적 파사드, 프로젝션 파사드, 후방 프로젝션 파사드, 조명 파사드, 윈도우 래스터 애니메이션, 디스플레이 파사드, 복셀 파사드[2] 등 첨단 기술을 이용한 화려한 미디어 파사드도 방진막과 건물벽에 그려진 이미지에서 출발했을 것이다. 〈파사드 프로젝트〉역시 방진막 안에 있는

21세기 사회를 해독할 열쇠를 찾으려는 시도이리라.

복제가 반드시 원본의 현실성을 떨어뜨리는 것은 아니다. 실물을 어설프게 베낀 세트가 정작 필름 위에서는 생생한 현실이 되는 것처럼, 때로는 복제가 또다시 복제되는 것을 통해 외려 원본의 현실성으로 상승한다. 한성필은 이 카메라의 마술을 통해 가상과 현실의 존재론적 차이를 무화한다. '얼굴'에 비유하자면, 가상의 파사드는 진짜 얼굴이 아니라 가짜 얼굴이다. 하지만 한성필의 작업 속에서 가면을 의미하는 '페르소나'persona는 그 자체의 독특한 분위기에 감싸인 채 그냥 얼굴이 된다. 그리고 우리는 이미 가면이 얼굴보다 더 생생한 시대를 살고 있다.

04

프레임의 미학

아주 오래전 전주의 어느 한식집에서 본 장면이 떠오른다. 골목에서 들려오는 소리를 따라 전통 한옥의 안마당으로 들어가니, 식당 여주인이 손님들을 위해 창을 하고 있다. 무대장치라야 그저 담에 걸어놓은 하얀 광목천 한 장과 앞마당에 깔아놓은 멍석 한 장이 전부. 그 미니멀리즘이 그 어떤 설치예술로도 따라잡지 못할 묘한 분위기를 자아낸다. 천을 걸어놓은 담장 앞에는 두 그루의 조그만 대나무가 자라고 있다. 그런데 이것이 바로 뒤에 걸어놓은 하얀 천의 사각 프레임 안으로 들어가면서, 평소에는 무심하게 지나치던 소박한 것들이 묵으로 그린 사군자화가 된다.

　　서양화와 달리 동양화는 '여백'을 작품의 일부로 받아들인다. 이명호(1975~)의 작품이 동양적 느낌을 주는 것은 이 때문이리라.

낯설게 하기

이명호는 자신의 작업을 "사진-행위"라 부르며 사진의 수행적 perfomative 측면을 강조한다. 그의 '행위'는 네 단계로 이루어진다. 피사체의 선택, 피사체의 분리, 피사체의 촬영 그리고 이 분리의 확증이다. 즉 먼저 촬영할 나무를 선택하고, 그 뒤에 막을 설치해 나무를 촬영한 뒤, 그 결과를 디지털 가공을 거쳐 사진으로 출력하는

이명호, 〈나무 #2〉, 2006년

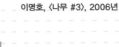

이명호, 〈나무 #3〉, 2006년

이명호, 〈나무 #12〉, 2008년

이명호,
〈나무 #13〉,
2008년

이명호,
〈나무... #3〉,
2013년

이명호, 〈나무... #3〉, 2013년

것이다. 이 절차에서 수행적 특성이 두드러지는 것은 특히 두 번째 작업, 즉 '피사체의 분리'에서다. 그는 크레인을 동원해 거대한 막을 나무 뒤에 설치해 그 나무를 환경에서 떼어낸다. 이로써 나무는 그려지거나 찍히지 않은 실물 그대로 프레임에 갇힌다. 이어지는 촬영은 그 프레임을 또 하나의 프레임에 가두고, 그리하여 나무는 '메타-피사체'가 된다.[3]

방진막이 대상을 가리고 그것의 보충물을 제시한다면, 차단막은 배경을 가려 원본을 두드러지게 만든다. 이 기법의 기원은 멀리 러시아 형식주의자 빅토르 슈클로프스키Viktor Borisovich Shklovski(1893~1984)로 거슬러 올라간다. 이른바 '낯설게 하기'остранение는 익숙한 사물을 낯설게 만들어 그것을 자동화한 지각의 무심함에서 구제하는 장치다. 너무 일상적이어서 관심을 끌지 못하는 대상, 이명호에게 그 대상은 나무였다.

"내 이야기를 가장 잘할 수 있는 장치들이 필요했는데, 거기에는 다른 해석(피사체나 환경과 연관된 다른 사회적 코드나 서사들)이 딸려 나올 여지가 있었다. 그런 것들이 너무 강하면 내가 말하고자 하는 것이 많이 흐트러진다. 그래서 가장 흔하고 평범한 우리 일상 소재들 가운데 나무라는 대상을 택했다."[4]

일상적인 것은 이제 비범해 보여야 한다. 그러려면 그것을 익숙한 맥락에서 떼어내야 한다. 거기에 소용되는 것이 바로 크레인으로 설치한 차단막이다. '고립'isolation은 초현실주의자들, 특히 르네 마그리트가 즐겨 사용하던 기법이기도 한다. 이 벨기에의 초현실주의자는 사물을 그것이 속한 장소에서 떼어내 전혀 엉뚱한 맥락에 재배치하기를 좋아한다. 사물이 원래 속한 익숙한 맥락에서 벗어나 있을 때 비로소 우리가 그 존재에 주목하기 때문이다. '고립'은 이렇게 평소 보지 못하던 것을 보도록 관객의 시각을 조직한다. 작가에 따르면, "모든 예술행위는 우리가 무심코 넘겨버리는 것을 잘 볼 수 있게 환기시키는 것"이며, 작가란 "함께 공유했으면 하는 것을 보게 하는 일종의 우체부"다.[5]

이명호가 사진 속에 프레임을 도입하는 것은 그의 작업이 '사진'에 대한 메타적 반성임을 보여준다. 촬영이란 본디 대상을 시간과 공간으로부터 떼어놓는 추상의 작업이다. 작가의 말대로 "사진의 차별성은 작가가 그 작품 속에 너무 깊이 개입한다기보다 시공간의 한 지점을 따내서 환기시키는 것이다." 물론 프레임이 사진의 전유물은 아니다. 회화 역시 아주 오래전부터 프레임을 사용해왔다. 나무 뒤의 차단막은 실제로 사진의 프레임보다는 회화의 캔버스에 가깝고, 그렇게 해서 얻어진 효과 역시 사진보다는 회화의 그것에 가까워 보인다. 이명호는 이렇게 사진과 회화의 층위를 오가며 그 둘을 포괄하는 '재현'의 본성, 재현과 현실의 관계를 메타적으로 묻는다.

가상의 현실화, 현실의 가상화

이런 설명은 이명호의 작업을 모더니즘 전통 속에 집어넣는 것처럼 보인다. '고립을 통한 낯설게 하기', '비가시적인 것의 가시화', '매체의 본성에 대한 메타적 반성' 등 그의 작업과 모더니즘의 유사성을 적은 리스트는 이보다 더 길어질 수도 있을 것이다. 이를테면 우연히 발견한 나무를 작품으로 제시하는 것은 초현실주의자들의 '발견된 오브제' 전략을 닮았고, 일상적인 것(=나무)을 미적인 것(=작품)의 영역에 옮겨놓는 것은 다다이스트들의 레디메이드 전략을 연상시킨다. 하지만 이명호의 작품세계를 이렇게 모더니즘의 술어로만 기술하면 그의 작업이 지닌 가장 중요한 측면을 놓칠 수 있다.

이를테면 '사진행위 프로젝트'의 첫 단계를 이루는 〈나무 연작〉으로 돌아가보자. 여기서 작가는 현실의 사물을 가상의 세계에 등록시킨다. 현실의 사물을 가상의 세계 속에 옮겨놓는 '가상현실' 체험은 디지털의 일상이다. 사진은 예로부터 2차원 평면에서 3차원 공간의 깊이를 만들어내는 원근법적 재현의 모범이었다. 하지만 나무 뒤의 차단막은 공간의 깊이를 가진 배경을 깊이 없는 평면으로 만들어버리고, 그 결과 그 앞의 나무마저 입체감을 잃어 거의 회화처럼 보이게 된다. 이는 현실의 사물이 가상에 등록될 때 평면적 이미지의 옷을 입는 것과 비슷하다. 이처럼 이명호가 '재현'을 주제화하는 방식은 모더니즘과는 뉘앙스가 사뭇 다르다.

그가 준비하는 또 다른 작업도 이를 증명해준다. '사진행위 프로젝트'의 2단계인 〈바다 연작〉은, "동해바다에서 촬영한 바다 이미지를 3킬로미터 되는 긴 캔버스에 전사를 하고, 그것을 600명의 사람들을 동원해 고비사막의 지평선 위에 설치하는" 작업이다. 사막의 지평선 위에서 바다의 수평선을 얻기 위해 크리스토 자바체프 Christo Javacheff(1935~)의 것을 방불케 하는 거대한 대지예술을 만들겠다는 것이다. 〈바다 연작〉은 〈나무 연작〉과 정확히 개념적 대극을 이룬다. 즉 〈나무 연작〉이 현실을 가상에 등록시키는 '가상현실'

의 전략을 사용한다면, 〈바다 연작〉은 가상을 현실에 등록시키는 '증강현실'의 전략을 채용한다.

'재현'을 주제화할 때 그의 작업은 '매체에 대한 반성'이라는 모더니즘의 차원을 넘어 '가상의 현실화'와 '현실의 가상화'라는 디지털의 존재론으로 향한다. 모더니즘 특유의 매체 순수주의도 그에게선 보이지 않는다. 작업 자체가 설치와 사진이라는 이질적 매체의 협력으로 이루어지기 때문이다. 하지만 그의 작품이 그저 설치미술을 사진으로 기록한 데 불과한 것은 아니다. 그의 작업은 사진으로 '완성'된다. 그의 사진-행위에서 이중 프레임의 존재는 본질적이다. 프레임의 안팎을 뒤집어놓는 것이 가상과 현실의 명백한 차이를 의문에 부치는 결정적 장치이기 때문이다. 이렇게 본질적 역할을 하는 이중 프레임은 촬영을 통해 획득된다.

> "이 프로젝트는 크게 세 가지의 계열로 이루어진다. 첫 번째는 캔버스를 가지고 피사체를 대상화하는 작업이고, 두 번째는 재현된 이미지를 실제 환경에 개입시키는 작업이다. 세 번째는 재현 이후의, 사진행위 이후의 문제에 대한 고민을 사진에 옮길 계획이다."[6]

이 마지막 단계에서 사진적 행위를 통한 가상현실과 증강현실의 놀이가 구체적으로 어떻게 종합을 이룰지 궁금하다.

05

역사적 현재

안성석(1985~)의 작업 역시 한성필, 이명호와 같은 계열에 서 있
는 듯 보인다. 당시 아직 대학을 채 졸업하지 못한 상태였던 이 신
예작가 역시 사진에 즐겨 프레임을 도입한다. 그 프레임은 프로젝
터를 위한 이동식 스크린, 그 스크린 위에 투사되는 것은 조선총독
부에서 발간한 《조선고적도보》朝鮮古蹟圖報에서 작가가 찾아낸 낡은
흑백사진이었다. 작가는 현존하는 유적 앞에 스크린을 설치하고,
그 위에 이 유적의 과거 모습을 중첩시킨 후 그것을 카메라에 담는
다. 이로써 현재와 과거 사이에 가로놓인 시각적 간극이 봉합되고,
현실의 유적에 잠재된 보이지 않는 과거의 기억이 가시화한다. 그
런데 이 간단한 트릭이 관객에게 매우 착잡한 물음을 던진다.

관계적 건축

그의 작품은 라파엘 로자노 헤머Rafael Lozano-Hemmer(1967~)의 작업
을 연상시킨다. 이 멕시코의 미디어 아티스트는 1990년대부터 오
디오-비주얼 프로젝션으로 현실의 건물이나 유적을 증강시키는
작업을 해왔다. 이를테면 〈폐위된 황제들〉(1997)은 오스트리아 합스
부르크 성의 벽면에 멕시코에 있는 건물의 인테리어 사진을 투사한
것이었다. 이 작품의 계기가 된 것은 '합스부르크가의 막시밀리안

안성석, 〈역사적 현재 001〉, 2009년

르네 마그리트, 〈예쁜 포로〉, 1947년

안성석, 〈Two-phase〉, 2012년

《조선고적도보》에 게재된 봉화 태백산 사고지의
소실되기 이전 모습

라파엘 로자노 헤머, 〈폐위된 황제들〉, 1997년

이 멕시코의 황제였고 아즈텍 황제의 깃털 왕관이 오스트리아 빈 박물관에 소장되어 있다'라는 사실. 폐위당한 두 황제를 인연으로 그는 멀리 떨어진 두 문화의 기억을 하나로 합성한다. 이렇게 현실의 건축에 정보의 층위를 중첩시키는 것을 그는 '관계적 건축' relational architecture이라 부른다.[7]

　'관계적 건축'을 가능하게 하는 것은 이른바 '증강현실' 기법이다. 보잉 사 엔지니어들은 항공기 제작과 수리에 증강현실 기술을 이용한다. 그들이 머리에 쓴 HMD에는 기계의 외면에 눈에 보이지 않는 기계의 내부구조가 와이어 프레임으로 중첩된다. 로자노 헤머의 '관계적 건축'은 현실에 정보의 층위를 겹쳐놓는 이 증강현실 기술을 이용해 현실의 건물과 역사적 기억 사이의 관계를 설정한다. 현실의 유적에 역사적 기억을 겹쳐놓는다는 점에서 안성석의 작업 역시 로자노 헤머가 말하는 '관계적 건축'으로 분류될 수 있다. 하지만 로자노 헤머가 그 일을 하는 데 디지털 테크놀로지를 이용한다면, 안성석은 똑같은 구상을 아날로그 방식으로 실현한다.

　주제의 측면에서 안성석의 작업은 역시 "시간의 연속과 단절"[8]을 주제화한 시몬 아티Shimon Attie(1957~)의 〈벽 프로젝트〉(1991~1993)를 연상시킨다. 그 연작 중 하나인 〈리니엔가街 137번지〉(1992)는 유태인 거주지였던 베를린의 리니엔가 건물 벽면에 과거 그곳에 살았으나 지금은 사라진 사람들의 사진을 투사한 것이다. 이로써 단절되었던 과거와 현재가 갑자기 하나의 공간에 공존하게 되고, 그동안 망각되었던 어두운 역사적 기억의 편린이 불현듯 현재에 되살아난다. 벽면에 투사된 흑백의 사진은 1920년 그 지역에서 일어난 유태인 거주지 일제단속 장면이다. 아티는 〈벽 프로젝

시몬 아티, 〈벽 프로젝트〉 연작 중 〈리니엔가 137번지〉, 1992년

트〉가 "그 아래에 감추어진 이야기를 드러내기 위해 벽지를 벗겨내는 작업"[9]이라고 말한다.

문화적 기억의 시차(時差)

안성석 전시회의 카탈로그는 "합성된 시공간의 구축은 혼성의 시대를 살아가는 젊은 세대의 감수성"이라 적고 있다. 실제로 안성석의 작품에는 시공간에 대한 새 세대의 관념이 반영되어 있다. 텍스트는 선형적으로 지각되지만 이미지는 공간적으로 지각된다. 하지만 디지털 테크놀로지는 시간마저 클릭할 수 있는 공간으로 바꾸어놓는다. 이로써 시간의 비가역성은 약화되고 과거는 영원히 회귀한다. 시간이 공간화하여 한 번의 클릭으로 과거와 현재가 나란히 놓이는 시대에 과거의 기억은 한 건축물의 공간적 현재와 공존할 수 있다. 게다가 디지털의 대중은 현실의 대상에 정보의 층위를 중첩시키려는 억제할 수 없는 욕망을 갖고 있다. 안성석의 작업은 디지털 부족의 이 열렬한 욕망을 보여준다.

　작가는 흑백의 과거와 색깔을 가진 현재의 윤곽을 정교하게 맞춰놓았다. 이는 마그리트의 작품을 연상케 한다. 마그리트에게 이 장치는 현실과 재현의 관계에 관한 철학적 물음을 던지는 방식이었다. 머리 '밖'의 세계와 머리 '속'의 관념은 과연 일치하는가? 그 일치를 확인하기도 하고 때로 부인하기도 하면서, 마그리트는 해결할 수 없는 근대철학의 아포리아를 회화적으로 표현한다. 안성석 역시 가상과 현실의 윤곽을 정교하게 짜 맞춘다. 하지만 안성석의 작품에서는 프레임의 안과 밖 사이에 수십 년의 시차가 존재한다. 안성석이 던지는 것은 전혀 다른 물음이라는 의미다. "역사라는, 과거와 현재의 대화 속에서 우리는 어떤 이야기를 하고 있는가?"

역사는 "과거와 현재의 대화"라지만 그 대화가 결코 쉬운 일은 아니다. 안성석의 작품에서 흑백의 역사는 갑자기 색채를 가진 현재와 대화의 관계 속에 들어간다. 고대 그리스인들은 청동거울을 둘로 잘라, 이를 훗날 신분을 확인하는 증명으로 사용했다고 한다. 이것이 오늘날 '심벌'이라는 말의 어원이 된 '심발레인'symballein이다.[10] 안성석의 작품에서 과거와 현재는 마치 심발레인처럼 짝이 맞춰진다. 하지만 아무리 윤곽을 맞춰놓아도 흑백의 기억과 색채의 현실은 서로 떨어지려 한다. 흑백과 컬러, 저해상과 고해상, 자연광과 인공광의 대조는 너무나 현격하여 이 인위적 심발레인을 그것의 대립자인 '디아발레인'diaballein으로 만든다.

형식적으로 눈에 거슬리는 이 균열이 작품의 본질을 제대로 드러낸다. 사실 과거와 현재의 대화는 노인과 청년 세대의 대화만큼이나 어려운 것이다. 예를 들어 현실의 실물과 옛날 사진을 위아래로 결합시킨 첨성대는 그 자체가 '청산하지 못한 과거' 위에 억지로 '반성하지 않는 현재'를 올려놓은 이 나라의 모습처럼 보인다. 동시에 그것은 이 나라에서 이루어지는 과거와 현재의 대화, 즉 이 나라 역사학계의 상황으로 느껴진다. 대중의 의식 속에 든 '대한민국'의 기억은 서로 배척하는 식민사학과 민족사학, 근대사학과 탈근대사학의 균열을 억지로 봉합해놓은 것에 가깝다. 안성석의 작품은 형식적 부정합을 통해, 실은 이 나라의 공동체와 그것의 기억 자체가 부정합으로 이루어져 있음을 드러낸다.

문화적 기억의 시차(視差)

작품에 사용된 흑백사진은 일제 때 조선총독부에서 제작한《조선고적도보》에서 나온 것이다. 이 책을 만든 세키노 다다시關野貞(1868~1935)는—비록 후에는 견해를 바꾸었다지만—조선의 미의식을 비하하던 이른바 '식민사학'의 대표자였다. 게다가《조선고적도보》의 사진 자체가 분류학적으로는 '제국주의 식민통치를 위한 사진'에 속한다. 푸코의 말을 빌리면 조선의 문화유적에 대한 시각적 판옵티콘Panopticon을 구축하려는 제국주의 권력의 시선이다. 그러므로 과거와 현재, 사진과 실물을 결합시킨 안성석의 사진에서는 어쩔 수 없이 두 개의 시선이 교차한다. 하나는 유적을 바라보는 '우리'의 시선이며, 또 하나는 그것을 바라보는 제국주의적 '타자'의 시선이다.

하지만《조선고적도보》는 1916년 프랑스 학술원상을 받을 만큼 탁월한 학문적 업적으로 평가되기도 한다. 당시 조선에는 문화재의 중요성에 대한 인식 자체가 존재하지 않았기에, 그나마 조선의 유적을 향한 유일한 시선은 제국주의 권력의 시선이었다. 그리하여 그가 찍은 사진들은 오늘날까지도 유적의 원형을 복원할 때 반드시 참고해야 할 자료로 사용된다. 세키노 다다시의 책은 일본의 탐욕스러운 수집가들이 문화재 약탈을 위한 리스트로 참고할 때도 활용되었으나, 동시에 일본인들에게 조선의 공예를 알리는 데 커다란 역할을 하기도 했다. 한국의 근대화에서 식민주의자들의 역할에 관한 역사학계의 복잡한 논란이 보여주듯 종합에 이를 수 없는 두 시선의 차이는 극복하기 어려운 것이다.

로자노 헤머의 작업에서 정보는 현실을 증강한다. 둘 사이에는 변증법적 종합이 이루어져 벽면에 투사되는 정보로 인해 현실은 더 풍부해진다. 그리고 시몬 아티의 작업은 시간의 단절을 연속으로 바꾸어놓는다. 거기서 과거와 현재는 거의 시각적 조화를 이룬다. 하지만 안성석의 작업에서는 정보의 층위와 현실의 층위가 충돌한다. 즉 꿰맞춘 윤곽 속에서 현재의 건물과 과거의 기억은 억지로 '심발레인'이 되지만 저해상과 고해상의 시각적 대조를 통해 흑백의 기억과 현실의 건물은 '디아발레인'이 되어 서로 떨어지려 한다. 팽팽히 당긴 활줄처럼 그의 작품에서 정보와 건물, 과거와 현재, 역사와 현실은 대립을 유지한 채 억지로 화해한다. 지젝이라면 이를 "시차적 관점"parallax view이라 부를지 모르겠다.

06

리얼 버추얼 액추얼

오늘날 우리가 세계에 대해 아는 것은 대부분 미디어를 통해 매개된 것이다. 우리는 미디어를 통해 남이 본 것을 보고, 남이 들은 것을 듣는다. 반면 미디어에 매개되지 않은 체험은 대부분 사회적 의미가 없는 사소한 것이 되고 말았다. 귄터 안더스Günter Anders(1902~1992)는 이 매개된 체험의 진정성을 의심한다. 그에 따르면 우리가 '사실'fact이라 부르는 것의 어원은 '만들어진 것'Faktum이라는 라틴어로 거슬러 올라간다. 결국 우리가 사실로 알고 있는 것이 실은 이미 인위적으로 조작된 것이라는 얘기다.

비실재로서 가상

안더스는 텔레비전 영상을 '팬텀'Phantom이라 부른다. 뉴욕의 쌍둥이 빌딩을 보여주는 CNN의 영상은 전자 복제된 환영에 불과하지만, 동시에 그 시간에 실제로 존재하는 현실이기도 하다. 그리하여 이 환영은 허구도 아니고 실재도 아닌 "제3의 존재층"을 이룬다. 미디어는 이 팬텀들을 특정한 판형으로 짜 맞추어 우리가 들어 살 세계를 구축한다. 그 세계의 건축에 설계도로 사용되는 판형을 그는 '매트릭스'Matrize라 부른다. 세계의 직접적immediate 체험이 미디어를 통한 간접적mediated 체험으로 대체되면서, 현실은 "팬텀과 매트

릭스로서의 세계"로 변해간다.[11]

이 미디어 비관론자는 텔레비전 생중계와 더불어 복제의 진위를 따지는 것 자체가 불가능해졌다고 지적한다. 생중계에서는 사건과 보도 사이에 시간차가 존재하지 않는다. 원상Bild과 모상Nach-bild 사이에 시간차'nach'가 사라질 때, 모상은 그대로 원상으로 받아들여진다. 독일어의 'nach'는 영어의 'after'처럼 시간적 순서('~의 다음에')와 논리적 순서('~를 본떠서')를 모두 함축한다. 여기서 시간적 선후가 사라지면 논리적 선후도 흐려지기 마련이다. 이렇게 복제가 현실을 대체해버리는 경향은 텔레비전 생중계만이 아니라 실은 다른 모든 매체에서도 나타나는 일반적 현상이다.

안더스가 우려하는 것이 장 보드리야르Jean Baudrillard(1929~2007)에게는 '이미' 현실이다. 보드리야르에게서 실재는 사라진다. '팬텀과 매트릭스'는 이제 '시뮬라크르와 시뮬라시옹'으로 급진화한다.[12] '가상'은 실재가 있을 때만 '허구'다. 실재가 사라진 곳에서 그 허구는 실재보다 강렬한 초실재hyperreal가 된다. 어떤 것이 '리얼'한지 여부를 우리는 이미 현실이 아니라 사진을 기준으로 판단한다. 오늘날 리얼리즘은 실은 사진의 리얼리즘이다. 안더스는 미디어의 허구와 싸운다는 점에서 여전히 모더니스트다. 반면 보드리야르는 그 싸움 자체를 허망한 것으로 여긴다. 이 냉담함이 포스트모던의 세계감정이다.

안더스에게 가상virtual의 상관자는 실재real였다. 가상은 실재가 아닌 것을 의미한다. 그가 말하는 '팬텀'은 그런 비실재irreal다. 하지만 보드리야르의 가상에는 상관자가 없다. 짝을 이뤄야 할 실재가 사라졌기 때문이다. 그의 '시뮬라크르'는 자립화하여, 사라진

실재보다 더 실재적인 초실재가 된다. 여기서 플루서는 실재에서 풀려난 가상을 다시 다른 것과 짝지으려 한다. 그에게 가상의 상관자는 실재가 아니라 현재actual다. 플루서에게서 '가상'은 아직 현재화하지 않은 것, 즉 '잠재'potential로 새로이 정의된다.

잠재성으로서 가상

가상을 '실재-비실재'의 관계 속에서 사유하는 것이 플라톤주의라면, 니체주의는 그것을 '잠재-현재'의 관계 속에서 사유한다. 이 맥락에서 더불어 주목해야 할 것은 질 들뢰즈Gilles Deleuze(1925~1995)의 철학이다. 그의 사유는 잠재virtual와 현재actual의 관계를 중심으로 전개된다.[13] 이 두 상태의 사이에는 물론 '현재화'actualization가 있을 것이다. 플루서가 현재화를 기획Projekt으로서 인간의 능동적 활동으로 본다면, 들뢰즈는 '주체'의 개념을 인정하지 않기에 그것을 하이데거의 의미에서 '사건'으로 파악한다.

　　잠재적인 것은 현재화를 통해 현재적인 것이 된다. 하지만 이를 아리스토텔레스의 의미로 이해해서는 안 된다. 아리스토텔레스의 '잠재태'는 마치 씨앗 안에 나무의 형상이 들어 있듯이 미리 규정된 상태지만, 들뢰즈의 '잠재성'은 광활한 미규정의 지대이기 때문이다.[14] 잠재적인 것이 현재화하는 사건은 절대적으로 일회적이어서 들뢰즈는 그것을 '단독화'singularization라 부른다. 플루서에게도 가상은 잠재성의 지대다. 들뢰즈의 '현재화'가 예술가에게 '사건'으로 엄습하는 것이라면, 플루서의 '현재화'는 기술자가 자신의 기획을 테크놀로지를 통해 실현하는 것에 가깝다.

들뢰즈에게 잠재와 현재는 동일한 사물의 두 양태다. 둘은 자리를 맞바꾸며 그저 시간성을 통해서만 구별될 뿐이다. "순전히 현재적인 대상은 없다. 모든 현재적인 것은 잠재적 형상의 안개로 둘러싸여 있다."[15] 현재적인 것은 마치 안개처럼 잠재적인 것들을 주위에 발산하며, 잠재적인 것들은 점점 농밀해져 현재적인 것으로 전화한다.

> 하나의 입자는 덧없이 짧은 것ephémères을 만들어내고, 하나의
> 지각은 기억들을 불러일으킨다. 하지만 그 반대의 운동이 일어
> 나는 것을 볼 수도 있다. 그 순환들이 더 밀접해져 잠재적인 것
> 이 현재적인 것에 근접해 점점 더 그것과 구별할 수 없게 될 때
> 에는.[16]

이는 앞서 소개한 보르헤스의 단편 〈원형의 폐허〉에서 꿈으로 아이를 빚어 낳는 장면을 연상시킨다. 이처럼 잠재적인 것이 현재적인 것에 근접해 그것과 구별할 수 없게 될 때 탄생하는 것이 바로 "팬텀"(안더스)이요, "시뮬라크르"(보드리야르)요, "대안적 세계"(플루서)다. '팬텀'은 가상도 실재도 아닌 제3의 존재층이다. '시뮬라크르'는 가상이면서 동시에 실재보다 더 실재적이다. '대안적 세계'는 테크놀로지를 통해 물질로 실현된 가상이다.

가상현실과 현실가상

들뢰즈의 은유는 오늘날 글자 그대로 사실이 되었다. 디지털 테크

놀로지와 더불어 사진은 지표성indexicality을 잃었다. 디지털 사진은 복제가 아니라 생성이나 합성의 이미지다. 전통적 의미의 지시체(=피사체)는 거기에 존재하지 않기에 실재와 일치하라는 인식론적 요구를 하는 것 자체가 불가능해진다. 디지털 사진은 현실의 '사본'이 아니다. 그것을 여전히 '재현'이라 부른다면 그것이 재현하는 현실은 다른 데서 찾아야 할 것이다. "컴퓨터로 만들어진 합성 이미지는 우리 현실을 열등하게 재현한 것이 아니라 다른 현실을 사실적으로 재현한 것이다."[17]

사진은 피사체를 과거로 보낸다. 복제 이미지의 원천이 과거("우리 현실")에 있다면, 합성 이미지의 원천은 미래("다른 현실")에 있다. 중요한 것은 과거의 열등한 재현이 아니라 도래할 미래의 사실적 재현이다. '주어진 것'이 '만들어진 것'으로 대체된 세계에서는 가상의 지위도 과거와 다를 수밖에 없다. 디지털 시대에 가상은 미리 존재하는 현실을 자신의 원상으로 갖지 않는다. 그것의 원천은 플루서가 말한 "대안적 세계", 즉 앞으로 도래할 미래에 있다. 디지털 이미지는 과거의 모상이 아니라 미래의 모형이다.

플라톤은 가상virtual을 비실재irreal로 간주한다. 니체라면 '가상'을 그것의 어원인 '비르투스'virtus와 연관 지을 것이다. '덕德'을 의미하는 이 라틴어 낱말에 해당하는 그리스어 '아레테'arete는 제 잠재력을 남김없이 실현하며 존재하는 상태를 가리킨다. 디지털 이미지는 그 어원에 걸맞게 '비실재'가 아니라 '잠재성'으로 이해되어야 한다. 이 경우 '가상'virtuality의 상관자는 '현재'actuality가 될 것이다. 우리의 현실은 이미 현재와 잠재가 어지럽게 뒤섞인 혼합현실이다. '가상현실'virtual reality은 어느새 '현실가상'real virtuality이 되고 있다.

가상의 업로딩

정홍섭은 사진이 강요하는 사물과 이미지의 결별을 아쉬워한다. "사진에 찍히는 순간 현재는 과거가 된다." 그의 〈로딩…Do you want save it?〉(2004)에서 이미지는 사물에서 떨어지려 하지 않는다. 트롱프뢰유의 정교한 기법으로 사물의 외양을 바로 그 사물 표면에 다시 그려 넣기 때문이다. 그 결과 원상과 그것의 모상이 하나의 윤곽 안에 공존한다. 사물에 덧붙여진 사물의 이미지는 그 사물을 시각적으로 반복함으로써 현실로 나타나는 가상, 즉 도플갱어 같은 존재가 된다. 이 작품은 고흐가 그린 구두의 생령에 관한 자크 데리다Jacques Derrida의 '언급'[18]을 연상시킨다. 들뢰즈는 이렇게 말한다.

> 현재적 입자는 자신과 거의 구별되지 않는 자신의 시각적 분신Doppel을 갖는다. 현재적 지각은 제 고유의 기억을, 직접적인, 이어지거나 동시적인 쌍둥이로서 지니고 다닌다.[19]

〈트레인〉(2006)에서 정홍섭은 독특한 전략을 구사한다. 원래 시간적 차이가 없는 영상을 1초의 간격을 두고 나란히 보여줄 때, 이제까지 존재하지 않던 가상의 공간이 탄생한다. 관객은 두 개의 영상이 끝날 때쯤에야 비로소 그것이 두 개의 다른 공간을 보여주는 것이 아니라 하나의 동일한 영상이었음을 깨닫게 된다. 〈로딩…Do you want save it?〉이 원상과 모상 사이의 시간차를 없애는 방식이었다면, 〈트레인〉은 1초의 시간차를 둠으로써 하나의 영상을 각각 다른 장소를 보여주는 두 개의 영상으로 제시한다. 원

정흥섭, 〈로딩...Do
you want to save
it?〉, 2004년

정흥섭, 〈트레인〉,
2006년

정흥섭, 〈윤두서〉, 2005년

래 존재하지 않는 이 1초의 시간차를 통해 원상은 유령이, 즉 자기 자신의 도플갱어가 된다.

정홍섭은 피사체의 존재에 큰 의미를 부여하지 않는다. 그가 웹에서 발견한 이미지들은 컴퓨터게임의 캐릭터처럼 아예 지시대상이 없거나 혹은 지시체와의 연관이 끊어진 것들이다. 일단 디지털로 변환되어 웹에 올라온 이상 피사체를 가진 사진과 지시체가 없는 그래픽 사이의 차이는 인정되지 않는다. 권오상(1974~)의 사진조각 작품이 모델을 직접 촬영한 사진들로 이루어진다면, 정홍섭의 재료는 순수 시뮬라크르들이다. 웹 이미지를 확대하는 과정에서 드러나는 부족한 해상도와 얼기설기 찢어 붙인 균열의 선을 허옇게 드러낸 채, 그는 이 가상세계의 시뮬라크르들을 모자라는 해상도 그대로 현실에 등록시키려 한다.

미디어적 에포케

진기종(1981~)의 〈온에어〉(2008)는 미니어처로 제작한 방송세트를 CCTV 카메라로 비춘 것이다. CNN의 앵커는 인형이고, 쌍둥이 빌딩으로 돌진하는 여객기는 장난감이며, 화면에 흐르는 자막은 영상과 아무 관계가 없는 시詩 텍스트일 뿐이다. 하지만 엉성한 미니어처 세트도 렌즈를 통해 보면 꽤 리얼한 법이다. 이 렌즈효과 때문에 관객은 모니터 위의 영상을 진짜 방송으로 착각하게 된다. 물론 그것이 가짜라는 것을 깨닫는 데는 그리 오랜 시간이 걸리지 않는다. 관객은 모니터만이 아니라 거기 비친 피사체들, 즉 엉성한 미니어처 세트까지 보게 되기 때문이다.

첫눈에는 귄터 안더스처럼 텔레비전 영상의 허구성을 폭로하려는 것처럼 보인다. 그랬다면 작품은 주제의 평범함에 갇혀버렸을 것이다. 하지만 텔레비전 속 팬텀에 대한 그의 태도는 파타피지컬 pataphysical하다. 예를 들어 그는 황우석 연구의 진정성을 믿으며, 그의 사기극을 폭로한 미디어의 배후에 음모가 있다고 생각(하는 척)한다. 또한 미디어가 거짓말을 할 때는 그것을 믿(는 척하)고, 미디어가 참말을 할 때는 그것을 불신하(는 척하)는 역설을 실천한다. 그 밖에도 그는 달 착륙이 나사NASA와 할리우드의 연출이었다는 음모론에 끌리고, "사기멘터리"임을 알면서도 다큐멘터리 채널을 즐겨 본다.

〈온에어〉에 주로 등장하는 것은 CNN, 알자지라, YTN 등 보도 채널, 그리고 디스커버리, 내셔널지오그래픽, 히스토리채널 같은 다큐멘터리 채널이다. 텔레비전 방송 중 보도와 다큐멘터리 채널은 일반적으로 허구가 아니라 사실을 전달하는 프로그램으로 여겨진다. 하지만 미디어의 '사실'이 결국 '만들어진 것'(파크툼)에 불과하다는 안더스의 말처럼, 진기종의 방송에서 관객이 보는 '사실'은 일부러 조잡하게 만든 미니어처에 불과하다. 하지만 작가는 결코 계몽적 의도를 갖고 있지 않다. 오늘날 매체에 대한 대중의 태도는 이중적이어서 그 허구성을 의식하면서도 거기에 몰입하고 싶어한다.

오늘날 대중은 '미디어에 몰입하는 것'과 '그것의 매개성을 의식하는 것' 사이에서 모순을 느끼지 않는다. '메이킹 오브'에 대한 취향은 미디어의 대상적 층위와 메타적 층위를 넘나드는 대중의 이중적 태도를 보여준다. 사실에 픽션을 섞은 팩션faction은 이미 대중의 취향이다. 대중은 가상 앞에서 그것이 실재하는지 허구적인지

진기종, 〈온에어〉, 2008년   진기종, 〈온에어〉, 2008년

군이 가리려 하지 않는다. 이 존재론적 중립 속에서 대중은 허구를
실재로, 실재를 허구로 지각하면서 기꺼이 실재도 아니고 허구도
아닌 제3의 존재층에 머무르려 한다. 진기종의 작업에서 우리는 이
미디어적 판단중지epoché의 태도를 본다.

　　대중은 허구인 줄 알면서 그것을 사실처럼 대하거나 사실인
줄 알면서 그것을 허구처럼 대하려 한다. 이 파타피지컬한 모드는
'가상'이 '허구'와 '잠재'의 두 얼굴을 가진 데서 비롯될 것이다. 대
중은 이른바 '사실'이 미디어에 의해 '만들어지는 것'임을 안다. 동
시에 믿기 어려운 상상이 기술을 통해 현실이 되고 있음도 안다.
그리하여 실재마저 허구라 의심하거나 허구마저 실재라고 믿는 척
하며 실재의 실재성과 허구의 허구성에 대한 판단을 유희적으로
유보하는 것이다.

가상이 또 다른 양상의 현실로 여겨질 때 은유와 실재가 중첩된 '파타피지

컬'한 상태가 발생한다. 한때 초현실주의의 미학적 원리였던 '파타피직

스'가 오늘날 인터페이스 디자인의 원리가 되었다. 파타피지컬한 인

터페이스를 일상적으로 사용해온 세대는 당연히 '현실'에 대한 관념

자체가 다를 수밖에 없다. 그들은 가상에 실재의 지위를 부여해 가

짜를 진짜처럼 대우해주고, 실재에 가상의 지위를 부여해 현실을 거대한 게임으로 바꾸어놓는 데에

익숙하다. 여기에서는 디지털 대중이 파타피직스의 원리를 정치의 영역으로 확장시키는 과정을 기술

하고, 그 양상을 '게이미피케이션'의 관점에서 분석할 것이다.

07

메타포에서 파타포로

'파타피직스'pataphysics라는 학문이 있다. 프랑스의 작가 알프레드 자리Alfred Jarry(1873~1907)가 제안한 새로운 분과로, '형이상학' metaphysics을 패러디한 그 명칭에서 벌써 짐작할 수 있듯이 일종의 사이비 과학, 더 정확히 말하면 고도로 지적인 농담으로서 과학을 가리킨다. 이 패러디 과학은 물론 과학의 전능함을 신봉하는 과학주의에 대한 시적詩的 반발이었다. 알프레드 자리는 파타피직스를 통해 과학적 사유를 부조리에 이를 정도로 극단으로 몰고 감으로써 이성의 한계를 드러내는 동시에 시적 상상력의 부활을 주장한다.

상상적 해결의 과학

알프레드 자리의 파타피직스는 두 개의 예술운동에 영향을 주었다.[1] 하나는 초현실주의surrealism다. 앙드레 브르통Andre Breton(1896~1966)이 초현실주의 운동을 시작했을 때, 그는 이미 고인이 된 알프레드 자리를 가상의 멤버로 그룹에 포함시켰다고 한다.[2] 널리 알려진 것처럼 초현실주의자들은—이를테면 "해부대 위에서 우산과 재봉틀이 만남"(로트레아몽)처럼—일상에서 몽상의 요소를 찾아냄으로써 과학적 이성이 지배하는 현실을 피해 초현실로 도피하려 했다. 그들에게 '초현실'이란 일상과 몽상이 중첩된 또 다른 현실, 즉 광인의 눈에 비친 세계를 의미했다.

파타피직스에 영향받은 또 다른 흐름은 초합리주의surrationalism
다. 과학주의에 반발한다는 점에서는 동일하지만 초현실주의가 이
성에서 벗어나 광기로 도피하려 한다면, 초합리주의는 외려 과학을
전유하여 그것을 이성보다 높은 초超이성에 종속시킨다. 여기서
'초이성'이란 시적 상상력과 과학적 합리성이 더 높은 차원에서 융
합한 사유방식을 가리킬 게다. 미래주의, 울리포 그룹, 자리주의자
들이 이 흐름에 속하는데, 이들은 시의 형식을 빌려 과학의 신화를
비판하면서도 때로는 과학의 형식을 빌려 시의 신화를 비판하기도
한다.

알프레드 자리는 파타피직스를 "상상적 해결의 과학"으로 규
정하며, 그것이 "가상성으로 기술되는 대상의 속성들을 그것들의
용모lineament와 상징적으로 조화시킨다"라고 말했다.[3] 한마디로 파
타피직스란 상상력을 통해 가상과 실재를 화해시키는 학문이라는
얘기다. 1948년 자리의 뜻에 공감하는 이들이 파리에 '콜레주 드 파
타피지크'collège de' pataphysique를 설립한다. "쓸데없는 학문적 연구"
를 목표로 한 이 가상의 학회는 호안 미로Joan Miró(1893~1983), 만
레이Man Ray(1890~1976), 막스 에른스트Max Ernst(1891~1976), 마르
셀 뒤샹Marcel Duchamp(1887~1968), 외젠 이오네스코 Eugéne
Ionesco(1909~1994) 등 쟁쟁한 인물들을 회원으로 거느렸다.

비록 회원은 아니었지만, 보르헤스 역시 어떤 면에서 파타피지
션이라 할 수 있을 것이다. 그의 문헌학에서는 진짜와 가짜가 어지
럽게 뒤섞인다. 이를테면 그의 단편들에는 고대에서 현대에 이르기
까지 수많은 문헌에서 가져온 인용과 주석이 등장한다. 그중 어떤

것은 진짜지만, 대부분은 가짜 문헌을 인용한 사이비 주석이다. 단편에서 언급되는 저자들 역시 몇몇은 역사적 실존인물이지만 상당수는 존재한 적이 없는 가상의 저자들이다. 이렇게 보르헤스의 문학세계는 가상과 실재가 중첩된 지대에서 형성된다는 점에서 '파타피지컬'하다.

일상의 파타피직스

우리 일상에서 파타피직스의 예를 찾는다면 '코끼리를 냉장고에 집어넣는 방법'을 들 수 있을 것이다. 이 놀이에 참여하는 이들은 화학, 생물학, 물리학 등 온갖 분야의 과학적 지식을 동원해 문제의 '상상적 해결'을 시도한다. 그중 양자역학을 이용한 방법을 보자. "냉장고 문을 닫는다. 코끼리가 냉장고를 향해 돌진한다. 위 단계를 반복하면 양자 터널링 현상이 발생해 언젠가는 코끼리가 냉장고 안에 들어간다. 일반화해서 계산하면, 초당 1회 충돌 시 150억 년 정도 충돌하면 터널링이 가능하다."

　　일상 파타피직스의 또 다른 예로 일본의 진도구珍道具를 들 수 있다. 진도구는 '일상에서 흔히 부딪히는 불편한 점 한 가지를 확실히 해결해주지만 그로 인해 서너 가지의 다른 문제를 안게 되는 도구'로 정의된다. 한마디로 발상은 기발하나 실용성은 전혀 없는 농담으로서 발명이라는 뜻이다.[4] 문제의 '상상적 해결'을 추구하며 실제로는 전혀 쓸데없는 발명이라는 점에서, 진도구는 효율성을 절대시하는 근대의 과학주의에 대한 파타피직스의 비판과 상통하는 면이 있다. 슬라보예 지젝Slavoj Žižek(1949~)은 진도구를 "지난 세기

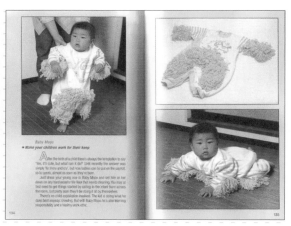

일상 속의 파타피직스 사례. 왼쪽은 '코끼리를 냉장고에 집어넣는 방법' 놀이와
일본의 '진도구'

피터 시켈레가 발굴한 P. D. Q. 바흐의
작품이 담긴 음반.

아이번 스탱이 창시한 패러디 교회
'서브지니어스 교회'

일본의 가장 훌륭한 정신적 성과물"이라 불렀다.[5]

앤서니 던Anthony Dunne(1964~)의 '비평적 디자인'critical design은
"진도구의 오타쿠적 감수성에서 자양분을 공급받은 것이 분명"[6]하
나 진도구보다는 좀 더 진지한 의도를 갖는다. 그것은 디자인을 활
용해 사물에 관한 기성의 관념을 전복하고 현대의 소비주의를 비판
한다. "물질로 번역된 비판적 사고"라는 점에서 비평적 디자인은
현상유지에 기여하는 긍정적 디자인affirmative design과 대립한다. 던
에 따르면, 비평적 디자인은 "허구와 현실의 변증법적 대립" 위에
서 있다. 그것은 실용성을 갖지만 그 실용성이 우리가 응당 기대하
는 것과는 거리가 있다. 예를 들어 〈위험시계〉는 소유자에게 시간
대신에 교통사고나 조류독감 등 앞으로 벌어질지 모르는 위험을 미
리 경고해준다. 경고 메시지를 들으려면 시계의 돌출된 부분을 귀에
꽂아야 한다. 물론 그 시계를 사려는 사람은 아무도 없을 것이다.[7]

건축에서는 1960년대 영국의 아키그램Archigram 운동을 이야기
해볼 수 있을 것이다. 미래주의의 영향을 받은 이 아방가르드 건축
가들 그룹은 실제로는 지어지지 않을 가설적hypothetical 건축 프로
젝트를 수행했다. 피터 쿡Peter Cook(1936~)의 〈플러그-인 시티〉
(1964)는 인프라 스트럭처인 거대기계에 표준화한 세포 모양의 방
을 끼워 넣음으로써 끝없이 확장하고 변화하고 진화한다. 론 헤론
Ron Herron(1930~1994)의 〈워킹 시티〉(1964)는 글자 그대로 도시를
걸어다니는 건물이다. 이는 집을 기계에 비유한 르 코르뷔지에Le
Corbusier(1887~1965)의 아포리즘을 그대로 구현한 것이라고 한다.
은유를 현실로 간주한 아키그램 실험은 후에 파리 퐁피두 센터의
건축에 영향을 끼쳤다.

앤서니 던, 〈위험시계〉, 2007년

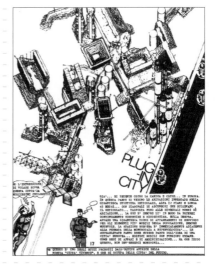

피터 쿡, 〈플러그-인 시티〉, 1964년

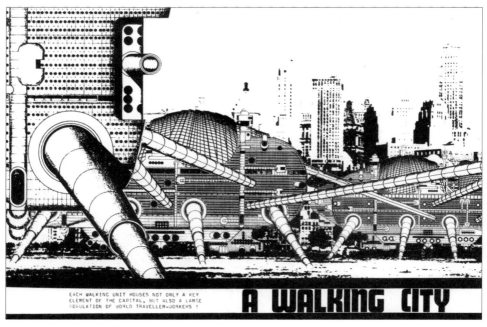

론 헤른, 〈워킹 시티〉, 1964년

음악의 영역에도 비슷한 예가 있다. 미국의 작곡가 피터 시켈레Peter Schikele(1935~)는 지난 50년 동안 존재하지도 않는 대학의 교수를 자처하며, 바흐 가문의 자손인 P. D. Q. 바흐의 작품을 발굴해 발표해왔다. 물론 이 바로크 작곡가는 실존한 적 없는 가상의 인물이며, 발굴된 작품들은 시켈레 자신이 바로크, 낭만주의, 현대의 다른 작품들을 코믹하게 패러디한 것이다. 곡의 연주에는 '트롬 분' 같이 현존 악기를 패러디한 악기나 만두피로 만든 상상의 악기 등 가상의 악기가 사용된다. P. D. Q. 바흐의 작품은 아직도 발굴되고 있다.[8]

종교의 영역에서 이와 유사한 예로는 '서브지니어스 교회'Church of the Subgenius를 들 수 있을 것이다. 아이번 스탱Ivan Stang(1953~)이라는 인물이 창시한 이 패러디 교회는 1950년대의 전설적 세일즈맨인 밥 돕스J. R. Bob Dobbes를 예언자로 모신다. 그들의 예언자 밥 돕스는 실은 1950년대의 클립아트에서 가져온 만화 캐릭터다. 스탱의 주장에 따르면, 2009년 현재 이 교회는 4만 명의 신도를 거느리고 있으며, 대학생들, 특히 MIT 학생들을 개종시키는 데 큰 성과를 거두었다고 한다. 이 종교에 입교하려는 이는 자기만의 이단을 만들어야 한다.[9]

과학과 기술을 전유한 상상력이라는 면에서 파타피직스는 과학과 기술을 적대시하던 과거의 낭만주의적 상상력과는 구별된다. 외려 과학과 기술을 상상의 도구로 사용한다는 점에서 빌렘 플루서가 말하는 '기술적 상상력'에 근접한다. 다만 이 기술적 상상력을 진지한 목적이 아니라 지적 농담에 사용하고 있을 뿐이다. 파타피직스의 본질을 이루는 과학기술과 시적 상상력의 융합은, 원래 가

문의 권유로 과학자가 되려다가 작가의 길로 들어선 알프레드 자리 자신의 삶의 이력과도 관련이 있을 것이다.

메타포에서 파타포로

과거에 상상력을 대표하는 것이 '은유'metaphor의 능력이었다면, 이제 파타피직스의 상상력을 대표하는 것은 파타포pataphor의 능력이다. 파타피직스가 메타피직스의 패러디인 것처럼 파타포는 메타포의 패러디다. 파타포와 메타포는 상상력의 성격이 다르다. 메타포에서는 가상과 현실이 분리된다. 이를테면 "그녀는 한 떨기 꽃"이라는 말을 듣고 그녀가 식물성이라 생각할 사람은 아무도 없을 것이다. 아무리 그럴듯해도 은유는 그저 '비유'에 그칠 뿐이다. 반면 파타포에서는 가상과 현실이 분리되지 않고 중첩된다.

흔히 체스는 전쟁의 은유라 말한다. 하지만 가상의 체스판과 현실의 전쟁터는 분명히 구별된다. 파타포에서는 이 경계가 사라진다. 이를테면 현실의 병사들이 거대한 체스판 위에서 전투를 벌이는 장면을 상상해보라. 이 파타포적 상상력을 우리는 영화 〈해리포터와 마법사의 돌〉에서 찾아볼 수 있다. 거기서 해리 포터 일당은 거대한 체스보드 위에서 체스의 피겨들과 실제로 전투를 벌인다. 현실의 인물과 가상의 존재들이 동일한 존재론적 층위에 존재하는 셈이다. 이처럼 가상과 현실이 중첩되는 것, 전형적인 파타피지컬 상황이다.

이런 종류의 상상은 실은 더 오랜 근원을 갖고 있다. 루이스 캐럴Lewis Carrol(1832~1898)의 동화 《거울 나라의 앨리스》(1871)는 스

영화 〈해리포터와 마법사의 돌〉에서 체스보드 위의 말이 되어 싸우는 해리포터 일당

〈거울 나라 앨리스〉에 실린 삽화

토리 라인이 체스의 특정 기보棋譜에 따라 구성되었다. 그래서 앨리스가 들어간 거울 나라의 들판이 체스판의 모습을 하고 있다. 거기서 앨리스는 갖가지 모험을 벌인 끝에 이야기의 결말에 여왕으로 등극한다. 이는 체스의 폰pawn이 마지막 라인에 도달하면 막강한 힘을 가진 여왕queen으로 변신한다는 체스의 규칙에 따른 설정이다. 여기서도 가상과 현실은 중첩된다. 앨리스는 현실의 육체를 가지고 가상으로 들어간다.

가장 최근의 예로는 영화 〈매트릭스〉를 들 수 있다. 네오 일당이 들어간 사이버 공간 역시 앨리스의 이상한 나라 못지않게 파타피지컬하다. 그곳에서는 스푼이 고무처럼 휘고 총탄의 움직임을 슬로모션으로 볼 수 있다.[10] 어떻게 보면 그곳은 한갓 가상현실에 불과한 듯 보인다. 하지만 가상에 들어간 요원들은 외부로부터 헬리콥터 비행술을 다운로드받고, 몇몇 요원은 그곳에 들어갔다가 빠져나오지 못해 사망한다. 거기서도 현실과 가상은 인과관계로 이어져 있다. 이 영화에 영감을 준 보드리야르도 평생 자신을 파타피지션으로 여겼다.

촉각적 인터페이스

앨리스가 '이상한 나라'와 '거울 나라'에서 체험했던 것은 어떤 면에서 오늘날 게이머들이 모니터 앞에서 체험하는 것과 크게 다르지 않다. 디지털의 몰입 기술은 게이머들을 모니터 속 가상의 세계로 빨아들인다. 하지만 게이머의 경우 앨리스와 달리 정신만 가상으로 몰입하고 신체는 아직 현실에 남아 있는 상태다. 그런 의미에서 비디오게임은 여전히 메타포 상태에 머무른다고 할 수 있다. 하지만 게임의 상상력도 그동안 서서히 메타포에서 파타포의 상태로 진화해왔고, 게임에 증강현실의 기술이 적용됨에 따라 그런 경향은 더욱 강화될 것이다.

최근 비디오게임의 인터페이스는 점점 더 현실과 가상을 중첩시키는 파타포의 상태로 이행하는 것으로 보인다. 이를테면 닌텐도 위Wii를 생각해보자. 과거 핑퐁게임의 게이머들이 정신만 가상에 몰입한 채 현실에서는 그저 손가락만 움직였다면 '닌텐도 위'의 게이머들은 마치 현실의 테니스코트에서 경기하듯 온몸을 움직여 라켓을 휘둘러야 한다. 닌텐도 위로 테니스를 치는 이를 옆에서 관찰한다면 아마 광인처럼 보일 것이다. 초현실주의자들이 예술적으로 추구하던 일상과 몽상의 중첩이 여기서 기술적으로 실현된 셈이다.

각종 시뮬레이터 역시 파타피지컬한 인터페이스의 예라 할 수 있다. 이를테면 비행 시뮬레이터는 현실의 조종석과 똑같이 디자인되어 있다. 물론 그 안의 가상은 영화 〈매트릭스〉와 달리 철저히 현실의 물리적 법칙에 따라 프로그래밍된다. 시뮬레이션의 목적 자체가 위험과 비용을 절감하기 위해 가상을 현실과 똑같이 재연하는 데 있어서다. 모의비행이 효과를 가지려면, 교습생은 모니터 위의 가상에 대해서도 마치 현실의 상황인 것처럼 대처해야 한다. 이 '마치 ~처럼'as if이라는 모드야말로 파타피지컬한 태도의 본질을 이룬다.

메타포로서 인터페이스가 모니터의 시청각적 자극에 손가락을 움직이는 촉지적haptic 반응만 요구한다면, 파타포로서 인터페이스는 신체 전체를 움직이는 촉각적tactile 반응을 요구한다. 파타피지

왼쪽 위부터 순서대로 '닌텐도 Wii' 게임, 모의비행 시뮬레이션,
영화 〈마이너리티 리포트〉의 한 장면, MIT 미디어랩의 '식스센스'

컬 인터페이스의 탁월한 시각적 예는 스필버그의 영화 〈마이너리티 리포트〉(2002)에 소개된 것이리라. 거기서 톰 크루즈는 허공에 투사된 영상을 손으로 조작한다. 이 장면은 MIT 미디어랩이 2009년 TED를 통해 발표한 '식스센스'Sixth-Sense에서 이미 현실이 되었다.[11] 이 증강현실 장치는 자연적인 손을 이용해 정보와 인터랙션 하게 해주는 착용식 제스처 인터페이스wearable gestural interface다.

모더니즘과 포스트모더니즘

MS '윈도우'가 출시되었을 때 잠시 운영체계os 디자인을 놓고 논쟁이 벌어진 적이 있다. 디지털의 모더니스트들은 '윈도우'가 아날로그 세계를 그대로 베꼈다고 비난했다(이를테면 우리는 '오피스'에 들어가 '폴더'를 열어 '파일'을 꺼내 보고 필요 없으면 '휴지통'에 버린다). 이들은 컴퓨터 운영체계가 아날로그 세계를 모방하는 데서 벗어나 디지털 고유의 특성을 구현해야 한다고 주장했다. 이를테면 아이콘도 '휴지통' 같은 구상적 모티브가 아니라 칸딘스키나 몬드리안의 작품에서 보는 것 같은 추상적 모티브를 사용해야 한다는 것이었다.[12]

　이 논쟁은 결국 모더니스트의 패배로 끝난 것으로 보인다. 사실 디지털 가상이 아날로그 세계를 그대로 베끼는 것은 적어도 한 가지 장점을 갖는다. 인터페이스에 관한 별도 학습 없이도 대중이 운영체계를 쉽게 이용할 수 있다는 점이다. 오늘날 디지털 기기의 인터페이스는 아날로그 현실과 디지털 가상이 봉합선 없이 매끄럽게 이어지는 방향으로 발전하는 것으로 보인다. 디지털 대중도 전자책의 책장을 넘길 때 종이 넘기는 소리를 듣고 싶어한다. 그래서 디지털 문화는 탈육체화에서 재육체화로, 비非물질화에서 재再물질화로 나아가고 있다.

산업혁명의 인터페이스는 기계를 상수로 놓고 인간을 변수로 간주해 인간을 기계에 꿰맞추려는 경향이 있었다. 그때 인간은 기계를 지향했다. 20세기 모더니즘 예술을 지배했던 '무기물의 미학', 즉 추상과 몽타주는 그런 기계화의 예술적 반영이리라. 반면 정보혁명의 인터페이스는 인간을 상수로 놓고 기계를 변수로 놓는다. 여기서 디지털 가상마저도 아날로그 현실과 똑같이 디자인하려는, 이른바 '디지로그'의 복고적(?) 경향이 발생한다.[13] 오늘날 예술에서 '유기체의 미학'이 부활하는 것은 이런 변화와 밀접한 관련이 있다.

하지만 이 모든 것보다 더 중요한 것은 역시 대중의 의식에 일어나는 변화다. 그것이 가상현실이든 증강현실이든, 오늘날의 디지털 인터페이스는 가상과 현실을 봉합선 없이 중첩시키는 데 목표를 두고 있다. 이런 인터페이스에 이미 익숙한 대중은 가짜마저 진짜처럼 대하는 파타피지컬한 태도를 자연스레 갖게 된다. 디지털 대중은 가상과 현실, 관념과 실재의 구별을 괄호 안에 집어넣어버리는 현상학적 '판단중지', 즉 존재론적 중립의 태도를 취하려 한다. 이것이 디지털 대중의 새로운 세계감정이다.

08

패러다임 게임

"오늘날 독자와 필자의 구별은 신분적인 것에서 기능적인 것으로 바뀌었다."[14] 벤야민의 이 예언대로 오늘날 독자는 필자가 되고, 기자가 되고, 마이크로 영화의 감독이 되더니, 2008년 촛불집회를 거치면서는 방송국이 되었다. '칼라TV'는 3인 1조로 움직였지만 집회 현장에서는 달랑 노트북만 들고 글자 그대로 '1인방송'을 하는 모습도 흔히 볼 수 있었다. 이 글은 현장에 나온 개인방송 중 하나인 칼라TV의 리포터로 집회를 중계하면서 관찰한 것을 기록한 일종의 미디어 현상학이다. 여기서 '현상학'이란 플루서의 정의대로 "그 익숙함 때문에 일상적 시각에는 감추어진 측면들을 발견하는 것을 목표로 삼는" 관찰방식을 의미한다.

텔레비전의 현상학

촛불집회가 일어나기 35년 전에 플루서도 이미 시청자가 스스로 방송을 만드는 세상을 예견했다. 하지만 그의 기대는 소박했다.

> 그런 시청자는 다양한 프로그램을 담은 마그네틱테이프의 도서관을 포함하여 저만의 비디오 극장을 갖게 될 것이다. 그는 그것들을 다양한 방식으로 섞어 제 자신의 프로그램을 만들 것이다.

하지만 그 이상을 할 수도 있을 것이다. 즉 자신과 프로그램을 찍고, 거기에 자신과 다른 이들을 등장시키고, 이를 테이프에 담아서 자신의 텔레비전 스크린에 투사할 수 있게 될 것이다. 이는 시청자가 그 프로그램의 처음과 중간과 끝을 통제하게 되는 것을, 그리고 그 프로그램에서 자신이 원하는 그 어떤 역할이라도 할 수 있게 된다는 것을 의미한다.[15]

플루서에 따르면 텔레비전은 "구조적으로 복잡하지만 기능적으로 단순하여" 그 메커니즘을 이해하기가 어렵다. 그 앞에서 우리는 두 길로 나아갈 수 있다. 하나는 "새로운 문맹으로 전락하여…… 가상과 허구를 구별하지 못하거나 그 구별을 남에게 맡겨두는 것"이다. 또 하나는 "개념적 사유가 상상력의 수준으로 올라서고 상상력이 개념적 사유의 구조를 취하는 것"이다. 현재의 텔레비전은 이 중 전자만 허용한다. 대중은 여전히 '보도'의 매체인 텔레비전을 '허구'의 매체인 영화처럼 수용하며, 그것을 "기술이 아니라 표상형식으로, 지각이 아니라 예술로, 인식이 아니라 체험의 모델로" 착각한다.

텔레비전은 현실을 내다보는 '창'에 머물 뿐 아직 현실로 나아가는 '문'이 되지는 못하고 있다. 대중은 그 앞에 앉아 사회적으로 중요한 공적 사안res publica마저 가벼운 사적 사안res privata으로, 즉 오락으로 소비한다. 따라서 시청자의 "적극적 지각"과 "참여의 행동"을 촉진하도록 텔레비전 기능을 전환할 필요가 있다. 플루서는 그 가능성을 비디오에서 보았다. 하지만 당시 그 분야에서 가장 급진적 실험을 하던 백남준마저 여전히 자신을 "연구자"가 아니라

칼라TV의 중계방송 현장

"예술가"로 여기고 있었다. 플루서는 백남준의 실험을 예술의 영역에서 꺼내 일상으로 확산시켜야 한다고 말한다.[16]

플루서의 소박한 기대는 '유튜브'를 통해 실현되었다. 하지만 그로써 시청자가 적극적 수용자가 된 것 같지는 않다. 플루서가 기대하던 효과를 낸 것은 차라리 촛불집회의 개인방송이었다. 그것은 시청자의 '적극적 지각'과 '행동 참여'를 실현하여, 방 안의 사적 개인들을 광장의 공적 집단으로 불러냈기 때문이다. 플루서는 표상과 기술, 예술과 지각, 체험과 인식을 대립시키지만 촛불집회 중계방송에서는 둘이 분리되지 않았다. 아니, '적극적 지각'과 '참여의 행동'은 그 둘의 결합을 통해 비로소 가능했다. 플루서는 비디오 영상이 인간과 실시간으로 인터랙션하리라고는 상상하지 못했을 것이다.

재매개

공중파 텔레비전이나 라디오를 방송broadcasting이라 하는 데 반해, 개인이 하는 방송을 협송narrowcasting이라 부른다. 하지만 2008년 촛불 정국에서는 협송이 공중파 방송 못지않은 영향력을 보여주었다. '칼라TV'의 경우 동시접속자가 보통 2만 명, 하루 누적접속자는 30만 명을 가볍게 넘겼다. 네티즌들이 그저 방에서 중계를 지켜보기만 한 건 아니다. 서버의 한계로 동시에 시청할 수 있는 인원은 500명으로 한정되어 있었다. 하지만 그 500명 상당수가 자발적으로 '아프리카'(http://www.afreeca.com)에 채팅방을 열어 중계를 릴레이했다. 채팅방 하나가 200명을 수용하니까 이론적으로는 10만 명까지 동시시청이 가능했다.

주목할 것은 이 모든 일이 그 누구의 지시 없이 자발적으로 이루어졌다는 점이다. 웹1.0 유저가 정보를 다운로드한다면, 웹2.0의 유저는 동시에 업로드를 한다. 촛불집회에서는 웹2.0의 특성이 정치적으로 발현했다. '와이브로'Wireles Broadband 개발자들은 자신들의 기술이 정치적 용도를 가지리라고는 상상하지 못했을 것이다. 하지만 대중은 이윤 추구를 목적으로 하는 미디어에서 체제에 저항하는 정치적 기능을 찾아냈다. 브레히트라면 아마도 이를 '기능전환' Umfunktionierung이라 불렀을 것이다. 미디어 이론의 관점에서 이 현상은 각별한 흥미를 끈다.

칼라TV는 촛불집회에 참가한 개인방송들 중에서 가장 널리 사랑받았다. 인기 비결은 디지털 대중에게 가장 친숙한 이미지 전략을 차용한 데 있었으니, 바로 컴퓨터게임 전략이다. 게임 포맷 차용은 물론 의도된 것이 아니었다. 처음에는 칼라TV 중계 역시 3인칭 관찰자 시점으로 공중파의 생중계 형식을 답습했다. 그러던 어느 날 도로로 진출한 집회 참가자들의 뒤를 따라 노트북을 들고 달리면서 방송의 성격이 달라지기 시작한다. 거기에 시청자들의 온라인 참여가 결합되면서 시위현장 중계는 누구도 의식하지 못하는 사이 컴퓨터게임 전략을 따르기 시작한다.

토털 게임

제이 데이비드 볼터J. D. Bolter와 리처드 그루신R. Grusin에 따르면 미디어의 발전은 뉴미디어가 올드미디어를 밀어내는 게 아니라, 뉴미디어와 올드미디어가 공존하면서 상대의 전략을 차용하는 식으로 이루어진다. 이를 '재매개'remediation라 부른다.[17] 이를테면 윈도우가 아날로그의 은유(오피스·폴더·파일·휴지통)를 사용하는 것은 과도기의 특수한 현상이 아니라, 미디어의 발전에서 쉽게 발견되는 일반적 현상이라는 것이다. 칼라TV의 중계과정에서 자연스레 발생한 변화를 한마디로 요약하면, 방송이라는 올드미디어가 게임이라는 뉴미디어 전략을 차용한 재매개 현상이라는 것이다.

중계가 이루어지는 동안에는 채팅창 혹은 포털사이트 게시판에 시청자 견해가 올라왔다. 네티즌들은 방송으로 지켜본 상황에 대한 코멘트를 넘어 직접 취재지시를 하고, 이는 휴대전화 통화나 문자를 통해 실시간으로 촬영팀에게 전달되었다. 이를테면 광화문에서 시민들을 인터뷰하다가 "시위대가 사직터널에서 경찰의 저지선을 뚫으려 한다"라는 제보가 들어오면 방송팀은 곧바로 현장으로 달려간다. 카메라로 비친 영상을 보고, 지금 도로에 스티로폼으로 연단을 쌓는 이들의 정체가 무엇인지 알아봐달라고 구체적 지시를 하는 경우도 있었다.

특정인과 논쟁을 해달라는 지시를 받기도 한다. 이를테면 군복입은 예비역들이 시민들을 보호한다며 다른 시민들의 행동을 통제하는 게 문제가 되었을 때 온라인과 오프라인의 대중은 그들에게 다소 공격적인 인터뷰를 해달라고 주문했다. 심지어 행동으로 상황에 개입할 것을 지시받기도 한다. 시위현장에서 과격행동을 하는 사람이 없도록 하라는 지시를 받는 것이다. 이 경우 리포터는 시위참가자로 신분을 바꾸어 주위 다른 시민들과 함께 흥분한 시민을 자제시키기도 한다. 방송이 게임 속 상황을 제어하는 '컨트롤 패널'의 역할을 한 것이다.

리포터는 게임의 캐릭터가 되어, 친근감을 주는 만화적 이미지로 표상된다. 컴퓨터게임에서처럼 이 리얼리티 게임의 플레이어들 역시 때로 자신들의 캐릭터를 잃는다. 리포터가 경찰에 연행되던 순간 아마도 그들은 모니터 위에 '게임 오버'라는 글자를 본 듯 허탈한 느낌을 받았을 것이다. 카메라 역시 현장 바깥에서 관찰자의 시선으로 남아 있지 않았다. 경찰이 쏘는 물대포나 경찰이 던진 돌에 맞아 카메라가 고장나면 네티즌들은 곧바로 후원금을 보내 장비를 새로 교체하게 해주었다. 이는 컴퓨터게임에서 자신의 캐릭터를 아이템으로 무장시키는 것과 다르지 않다.

리포터와 아바타

시청자는 모니터의 이미지에 반응하고, 이미지는 시청자의 요청에 반응한다. 이 상호반응의 기제는 컴퓨터게임의 본질적 특성이다. 하지만 칼라TV와 게임 사이에는 중요한 차이가 있다. 게임의 영상이 그저 가상이라면 칼라TV의 영상은 현실과 연동되어 있다. 현실에 개입한다는 점에서 그것은 인간을 대신해 심해로 들어간 잠수정의 로봇 팔, 즉 레프 마노비치Lev Manovich(1960~)가 말하는 '원격현전'tele-presence에 가깝다. "원격현전은 주체로 하여금 시뮬레이션만이 아니라 현실 자체를 통제하게 해준다."[18] 디지털 대중은 이미지는 물론이고 그것의 원본인 현실 자체를 바꾸고 싶어한다.

방송이 원격현전으로 기능할 경우 리포터는 자연스레 모니터 밖의 시청자가 모니터 안으로 들여보낸 '아바타'가 된다. 아바타는 그저 원격으로 존재하는 데 그치지 않고 동시에 원격으로 행동teleaction하는 존재다. 칼라TV의 인기는 리포터가 동시에 아바타였다는 사실과 관련이 있다. 실제로 대중은 칼라TV의 리포터를 자신들과 동일시했다. 이렇게 매체가 대중의 전폭적 신뢰를 받는 데는 또한 간과할 수 없는 위험이 따른다. 리포터가 아바타가 되어 상황에 개입하는 것은 상황의 객관적 관찰자로 남으라는 보도의 전통적 원칙을 깨뜨리기 때문이다.

게임이 된 방송에서 리포터는 주체인 동시에 온전한 주체일 수 없다. '아바타'는 자신의 판단에 따라 행동하는 주체가 아니라 타인의 조정에 따라 행동하는 의사擬似 주체이기 때문이다. 아바타로 기능하는 리포터는 상황에 대한 비판적 거리를 잃고 군중에 심리적으로 동화되기 쉽다. 실제로 리포터는 뜨거운 축제 분위기에서 군중과 깊은 정서적 유대를 느꼈고, 자신을 그들과 일체라 느꼈다. 이 동화가 종종 부정확한 보고와 편파적 보도로 이어지기도 했다. 보도를 하는지 시위를 하는지 불분명한 상황에서는 당연히 보도에 필수적인 객관성이 손상될 수밖에 없다.

촉각성

스필버그 감독의 영화 〈라이언 일병 구하기〉가 기존의 전쟁영화와 구별되는 점이 있다면 전투 장면을 3인칭 관찰자 시점이 아닌 1인칭 체험자 시점으로 묘사했다는 데 있다. 정신없이 흔들리는 영상은 극장의 관객을 안전한 곳에서 그 전투를 바라보는 구경꾼이 아니라 전장 한복판에서 적의 십자포화에 휩싸이는 병사로 만들어버렸다. 이로써 영화는 시청각적 지각의 대상이기를 그치고 관객의 신체에 촉각적 쇼크를 전달하는 에이전트가 된다. 〈라이언 일병 구하기〉의 쇼크 효과에 관한 이야기는 칼라TV의 핸드 헬드 카메라에도 그대로 적용된다.

어떤 이는 칼라TV 중계를 보고 "마치 영화 〈클로버 필드〉를 보는 듯하다"라고 말했다. 시청자가 모니터에서 보는 흔들리는 영상은 실제로 시위현장을 달리는 사람의 눈에 보이는 바로 그 영상이다. 시청자는 자신의 눈을 카메라와 동일시한다. 그리하여 카메라가 시위대와 함께 경찰을 피해 도망갈 때 방 안의 시청자도 시위대에 섞여 거리를 질주하게 된다. 이 촉각성은 강한 몰입효과를 냈다. 직장인들은 동틀 때까지 중계를 지켜보느라 출근에 지장을 받는다고 하소연했고, 주부들은 아이들 숙제를 봐준 게 언제인지 잊어버릴 정도라고 푸념했다.

몰입효과를 강화하려면 해상도를 높여야 한다고 생각하겠지만 "비디오게임은 반응의 연쇄다."[19] 게임의 리얼리티는 인터랙션에 달린 것이다. 대중은 공중파의 깨끗한 영상이 연출된 것이거나 적어도 편집된 것임을 안다. 그들은 고해상의 영상을 외려 허구로 느끼고, 편집 없는 저해상 영상을 더 현실적이라 여긴다. 뉴스 화면일지라도 고해상 영상은 이미 지나간 상황의 단편일 뿐이지만 현장에서 중계되는 저해상 영상은 지금 벌어지는 일을 실시간으로 보여준다. 사건의 발생과 보도 사이의 시차가 사라짐은 몰입을 강화하는 또 다른 요소다.

생방송이라 해서 현실을 그대로 보여주는 것은 아니다. 휴대전화로 들어오는 제보는 대부분 극적 상황이 벌어진 곳을 지시하기 마련이다. 그 결과 카메라는 전체 사건 중 급박한 상황만 보여주게

칼라TV 촬영팀

되고, 이로써 시위 상황이 현실보다 더 극적으로 전달되는 결과를 빚는다. 그리하여 핸드 헬드의 저해상 영상이 실제 현실보다 더 강렬한 현실을 제공하게 된다. 그 효과를 어느 시청자는 이렇게 보고 한다.

> "요즘 두 달이 넘는 기간 동안 종이 신문뿐만 아니라 인터넷과 방송 등을 통해 연일 보도되고 있는 뉴스를 접하면서, 필자는 묘한 현기증을 느꼈다. 마치 미디어의 가상세계와 현실이 헷갈리는 일시적 착란현상을 겪곤 한다. (……) 저화질의 영상으로 실시간 생중계되는 칼라TV는 마치 내가 광장 한가운데 서 있는 것처럼 느끼게 만들었다."[20]

온라인·오프라인

네티즌은 그저 온라인의 시청자로 남는 게 아니다. 시위현장에서는 "방송을 지켜보다가 분노하여 이 새벽에 택시를 타고 나왔다"라거나 "원래 집회에 나올 생각이 없었으나 생중계되는 방송을 보고 참여하게 되었다"라는 사람도 있었다. 1인방송의 생생함이 수동적 관찰자를 적극적 참여자로 바꿔놓은 것이다. 사실 저해상 영상을 날이 새도록 지켜보는 것은 방송의 수신 태도가 아니다. 수용자를 밤새도록 몰입시킬 수 있는 유일한 매체는 컴퓨터게임이다. 즉 시청자들은 그저 방송을 본 게 아니다. 그들은 중계되는 영상을 통해 시위라는 게임에 참여했던 것이다.

촛불시위가 3개월이나 지속되었던 것도 게임이라는 매체의 특성과 관계가 있다. 영화의 스토리에는 끝이 있지만 게임의 스토리에는 정해진 결말이 없다. 한 번 오프라인 시위에 참가했던 이는 며칠이 지나면 현장의 긴장감을 잊기 마련이다. 하지만 생중계 덕분에 거리로 나가지 못한 날에는 컴퓨터를 켜놓고 현장 상황을 실시간으로 지켜볼 수 있었다. 현장에 부재하면서 동시에 존재하는 이 체험이 시위가 지속되는 데 필요한 긴장감을 유지시켰고, 그 결과 시민들이 누가 시키지 않아도 교대로 거리로 나오는 자발적 분업체계가 형성되었다.

현장에 나오는 것만이 참여의 방법은 아니다. 현장의 시민들이 컴퓨터 앞의 시민들에게 도움을 요청하면 네티즌들은 즉각 온라인 행동을 수행한다. 경찰의 저지선을 뚫지 못한 오프라인 시위대들이 청와대에 대한 온라인 공격을 부탁하자 방송으로 지켜보던 시민들은 청와대 홈페이지 서버를 다운시켰다. 시위하던 시민이 체포되어 어느 경찰서로 연행되었다는 소식을 전하면 시민들은 알아서 그 경찰서에 항의전화를 걸었다. 현장에서 어떤 물품이 부족하다고 방송을 내보내면 네티즌들이 퀵서비스로 요구한 물품을 현장으로 보내주기도 했다.

시위대가 차도로 뛰어들던 그날, 방송팀은 와이브로가 허용하는 기술적 가능성 안에서 즉흥적으로 이동촬영을 결정했고 인터넷과 핸드폰이 허용하는 기술적 가능성 내에서 시청자의 요구에 따라 실시간으로 사건에 개입할 수 있었다. 마샬 맥루언은 미디어를 "인간의 확장"이라 불렀다. 과거의 방송이 수용기receptor, 즉 시청자에게 확장된 눈과 귀의 역할을 해주었다면, 칼라TV는 동시에 효과기effector, 즉 그들의 팔과 다리 역할을 했다. 촛불집회에서 우리가 본

것은 온라인과 오프라인이 복잡한 방식으로 중첩된 새로운 혼합현실이었다.

노동과 유희

영화의 수용자는 영상에서 동떨어져 그것을 관람하려 한다. 방송의 영상 역시 떨어져서 보는 어떤 것이다. 하지만 게임은 다르다. 게임의 유저는 영상에 달려들어 그것을 조작하려 든다. 이 게임의 문법이 방송을 수용하는 대중의 태도를 변화시킨 것이다. 컴퓨터게임에 익숙한 대중은 더는 일방적으로 주어지는 복제 이미지를 원하지 않는다. 그들은 이미지와 상호작용함으로써 새로운 현실 내러티브를 스스로 짜내려 한다. 이렇게 인터랙션을 통해 자신이 보는 이미지와 그 이미지가 지시하는 현실을 바꾸고 싶어하는 것이 디지털 대중의 열렬한 욕망이다.

방송이 게임의 포맷을 차용했다는 사실의 바탕에는 더 중요한 것이 있다. 기실 방송의 보도는 진지한 현실에 관한 것이고 게임은 허구 속에서 이루어지는 놀이일 뿐이다. 하지만 촛불집회 현장에서 우리가 목격한 것은 정치와 오락을 가르던 뚜렷한 경계가 사라졌다는 것이다. 현장에서는 불과 100미터 거리를 두고 치열한 투쟁과 즐거운 놀이가 공존했다. 촛불시위 속에서 저개발의 정치, 즉 투쟁의 정치는 과개발의 정치, 즉 놀이의 정치와 하나가 되었다. 서사학 narratology과 유희학ludology은 앞으로 정치학에서 고려해야 할 중요한 분야가 될 것이다.

저개발의 정치에서 과개발의 정치로 이행하는 데는 당연히 물질적 근거가 바탕에 깔려 있다. 산업사회에서 정보사회로 넘어오면서 노동과 오락의 경계는 희미해진다. 정보사회에서는 생산의 수단과 여가의 수단이 서로 일치하기 때문이다. 오늘날 대중은 컴퓨터로 노동하고 컴퓨터로 놀이한다. 노동과 여가가 시각적으로 구별되지 않는 것이 종종 노동을 감시해야 할 자본에는 골칫거리로 여겨진다. 노동자들이 클릭 한 번에 근무 모드에서 오락 모드로 넘어갈수가 있기 때문이다. 회사에서 종종 외부로 연결되는 인터넷을 제한하거나 아예 차단하는 것은 그 때문이다.

역사와 서사

문자문화의 투사들은 역사의 끝에 도래한다는 텔로스_telos_를 위해 싸웠다. 그 시대의 투사들은 비장한 어조로 자신들이 '역사'를 창조한다고 말했었다. 역사의 끝에서 이상사회가 실현되리라는 꿈은 낡은 것이 되었다. 촛불대중이 지닌 것은 역사주의적 정치의식이 아니다. 탈역사_post-histoire_의 시대에 사는 그들에게 촛불집회는 '역사를 창조'하는 것이 아니다. 멀티유저 게임에서처럼 그들은 새로운 '서사를 창작'하고 싶어한다. 오늘날처럼 가상과 실재의 경계가 희미해지는 시대에는 대중에게 서사의 창작이 현실을 바꾸는 하나의 방법으로 여겨진다.

'진보'나 '보수'라는 산업혁명의 정치학으로는 디지털 대중의 특성을 이해할 수 없다. 게임의 상황이 어떻게 계열화하느냐에 따라 디지털 대중은 그 어느 쪽으로든 분화할 수 있기 때문이다. 촛불 시위를 일으킨 급진적 '다중'_多衆_은 그 대다수가 황우석과 심형래에 열광하던 수구적 '우중'愚衆이기도 했다. 디지털 대중의 정치의식은 파타피지컬하여 투쟁과 유희가 중첩된 곳에 자리 잡고 있다. 그들은 놀이만 하는 것은 공허하고 투쟁만 하는 것은 맹목이라고 느낀다. 그들은 자신들의 놀이가 정치적으로 유의미하기를 원한다.

촛불집회는 산업혁명의 생산 패러다임으로는 파악하기 어렵다. 원래 미국산 쇠고기 문제는 생계를 위협받는 축산농가의 관심사였으나 광우병이라는 변수와 더불어 곧바로 모든 계층의 관심사가 되었다. 여기서 주목할 것은 저항의 주체가 생산대중에서 소비대중으로 바뀌었다는 점이다. 과거의 노동자들이 생산자로서 권능을 이용해 파업을 했다면, 디지털 대중은 소비자의 권능을 이용해 불매운동과 광고 중단으로 저항하려 했다. 권력과 자본은 여기에 특히 민감하게 반응했다. 가라타니 고진은 일찍이 상품과 소비 사이가 "자본주의의 약한 고리"라고 주장한 바 있다.[21]

촛불대중의 욕망은 무정부주의적 자유주의anarcho-liberalism에 가깝다. 그들의 유토피아는 역사의 끝에 텔로스로 존재하는 게 아니라 지금 여기에, 말하자면 국가의 '권력'이 미치지 못하는 해방구에 '일상'이 정지된 카니발의 현재로 존재한다. 무서운 권력과 지겨운 일상의 효력이 정지되는 크로노토피아chronotopia, 즉 현실도 아니고 그렇다고 가상도 아닌 제3의 시공에 존재하고 싶은 것이 디지털 대중의 욕망이다. 그것은 그들이 날마다 게임 속으로 들어가면서 의식하지 못한 채 해소하는 욕망이기도 하다. 촛불집회는 가상으로만 가능하던 그 해방을 현실의 시공간에서 체험할 수 있게 해주었다.

09

웹캐스트에서 팟캐스트로

MTV의 VJ이자 인터랙티브 미디어 개발자였던 애덤 커리Adam Curry(1964~)는 인터넷으로 영상과 음성 스트림을 내보내는 방법을 연구하던 중 브로드밴드가 항상 '온on'의 상태에 있다는 데 착안해 밤에 잠자는 동안 파일이 자동으로 다운로드되고 완료되면 유저에게 이를 알려주는 시스템을 구상하게 된다. 2000년에 그는 RSS의 개발자 데이브 와이너Dave Winer(1955~)를 만나, RSS를 이용해 뉴스 헤드라인만이 아니라 음성과 영상 파일을 내보내는 방법을 개발하기로 합의한다. 웹캐스트webcast와 구별되는 새로운 개념의 방송은 처음에는 '오디오 블로그'라고 불리다가 2004년경 '팟캐스트' podcast라는 이름을 얻게 된다.[22]

디지털 구술문화

한국에서 팟캐스트는 '나는 꼼수다'(이하 '나꼼수')를 통해 대중적으로 알려졌다. 맥루언은 라디오·텔레비전의 전자매체와 더불어 '구텐베르크 은하'는 종언을 고했다고 말한다. 문자문화의 종언 후에는 새로운 영상문화·구술문화가 찾아온다. 문자문화가 정보를 텍스트로 전달했다면 전자매체는 정보를 시각화하거나 음향화한다. 과거 정치에 관한 정보를 얻기 위해 사상서나 시사지를 읽어야 했

팟캐스트의 존재를 가장 성공적으로 알린 '나는 꼼수다'와 출연진.

다면, 오늘날 정치 관련 콘텐츠는 이미지나 사운드로 전달된다. 이 것이 디지털의 제2차 영상문화, 제2차 구술문화다. 나꼼수는 디지 털 테크놀로지가 복귀시킨 새로운 구술문화라 할 수 있다.

월터 옹Walter J. Ong(1912~2003)에 따르면 "미디어는 의식을 재 구조화한다." 러시아의 학자 알렉산더 R. 루리아Alexander R. Luria(1902 ~1977)는 혁명 직후 아직 문자문화를 접해보지 못한 촌락공동체로 들어가 필드워크를 했다. 그의 설문조사는 구술문화가 문자문화와 는 그 의식이 확연히 다름을 보여준다. 이는 문자 사용이 우리의 의 식을 급진적으로 재구조화했음을 의미한다.[23] 그렇다면 이렇게 되 물어야 할 것이다. 다시 구술문화로 돌아가는 디지털 시대에 우리 의식에는 어떤 일이 벌어지고 있을까? 그 변화가 얼마나 급진적이 지는 모르겠지만, 분명한 것은 디지털 테크놀로지와 더불어 문자 문화에 밀려났던 구술문화가 대중의 의식 속으로 복귀하고 있다는 점이다.

이를테면 구술문화에서는 로고스logos보다는 뮈토스mythos가 중요하다. 거기에는 객관적 기술보다는 주관적 상상이, 논증의 정 합성보다는 플롯의 개연성이, 이성적 비판보다는 정서적 공감이 더 잘 어울린다. 구술문화에서 중요한 것은 사태에 대한 냉철한 인식 을 제공하는 능력이 아니라 현실의 복잡한 사태를 영웅적 스토리로 압축·변환하는 능력이다. 토론토 학파 학자들이 지적하는 대로 전 자매체는 문자문화가 무너뜨린 공동체의식을 복원하는 경향이 있 다. 실제로 나꼼수 청취자들은 버스나 전철에서 독특한 손동작으로 같은 상상의 공동체에 속한다는 무언의 교감을 낯선 이들과 나누곤 했다.

복귀한 이 구술문화는 물론 디지털 테크놀로지의 지원을 받은 것이다. 그 때문에 디지털 특유의 분위기에서 이야기는 동시에 게임의 성격을 띠게 된다. 과거의 이야기와 달리 이 디지털 스토리텔링은 그저 허구로 머물기 위해서가 아니라 경우에 따라서는 현실을 대체하기 위해 고안된 리얼리티 게임이다. 게임은 진·위와 선·악의 피안에 있다. 거기에서는 '진리'보다 '승리'가 중요하다. 디지털 구술문화는 한마디로 '낡은 새로운 것'old new이다. 따라서 거기에서는 문자문화 이후로 진화할 진보적 가능성이 언제라도 문자문화 이전의 의식으로 퇴행할 반동적 가능성과 아슬아슬하게 공존한다.

역사에서 신화로

문자문화와 구술문화의 충돌은 곽노현 교육감을 비판한 '진보적 지식인'을 질타하는 김어준의 발언에서 잘 드러난다. "'나는 옳은 말을 하는 사람입니다.' 이게 그렇게 중요한가?"[24] 여기서 그는 '비판적 의식'을 무력화한다. 비판적 의식이 개인의 명예를 위해 진영에 해를 끼치는 "자학적" 사고라는 이 왜곡된 논리에는 나름대로 올바른 지적이 담겨 있다. 디지털 시대의 인간은 "선형적 문자로 쓰인 비판으로부터 물러나 그것을 분석한다. 그리고 새로운 상상력에 힘입어 그 분석을 통해 얻은 합성 이미지를 투사한다."[25] 사실 문자문화의 지식인들은 현실을 '비판'만 할 뿐 새로운 현실을 '기획'하지는 못했다.

　적어도 김어준은 디지털 대중을 정치적으로 결집시키는 '기획'을 갖고 있었다. 문제는 그 기획을 문자문화의 비판적 의식과 적대적으로 대립시킨 데 있다. 그로써 새로운 구술문화가 문자문화 너머로 전진하지 못하고 그 이전으로 퇴행해버렸다. '기획'이 '비판'을 무력화하자 진보의 에토스 ethos에 관한 논의는 '도덕적 순결주의'에서 '적에게 동지를 떠넘긴 이적행위'로 간주되었다. 분노한 대중은 배신자들에 대한 복수에 나섰고, 법학·정치학·역사학을 전공하는 지식인들마저 이 퇴행의 시나리오에 단역으로 출연했다.

나꼼수는 처음부터 현실과 연동된 가상 혹은 가상과 연동된 현실의 게임이었다. 게임의 서사 속에서 캐릭터의 도덕적 '오류'는 책임져야 할 윤리적 상황이 아니라 돌파해야 할 전략적 상황으로 간주된다. 이런 인식은 인터뷰 곳곳에서 드러난다. "극단적 대결 국면에서의 사퇴는 지지층의 정서적 전선을 무너뜨리고 상실감과 열패감을 부른다. 이건 논리적 설득으로 단기간에 만회할 수 있는 것이 아니다." "말했잖아. 돌파했어야 했다고. 피해 가거나 부드럽게 넘어가거나 좀 더 피해가 적은 방식을 찾는 그런 사고로는 절대 여기까지 올 수 없었다."

인쇄술로 무장한 문자문화는 한때 구술문화의 비논리를 비웃었다. 새로운 구술문화는 디지털 테크놀로지로 무장하고 나타나 마치 복수라도 하듯 문자문화의 논리를 비웃는다. 서구사회가 오랜 시간에 걸쳐 비교적 탄탄한 문자문화를 형성해왔다면 한국에서는 문자문화의 역사가 매우 짧았다. 공동체적 구술문화의 전통이 강고하다는 점은 인터넷이나 SNS 위에 가상공동체가 형성되는 데 유리한 조건이 되어준다. 하지만 그것이 문자문화의 비판적 이성으로 뒷받침되지 못할 때 그 발달한 테크놀로지를 들고 1차 구술문화로

함몰하기 쉽다.

파타피직스

나꼼수는 픽션인지 뻔히 알면서도 사실로 믿는 척하는 파타피지컬한 놀이로 시작되었다. 시중에 떠도는 몇 가지 단편적 사실을 연결해 꽤 개연적인 의혹 시나리오를 구성하고, 농담이면서 진담인 듯 진담이면서 농담인 듯 "물론 각하는 그럴 분이 아닙니다만"이라고 덧붙임으로써 청취자를 현실에서 허구와 사실이 뒤섞인 제3의 지대로 옮겨놓는다. 허구라고 한다거나 사실이라고 명확히 단언하지 않는 것은 교활하게 영리한 전략이다. 현재적으로는in praesentia 명예훼손에 따른 법적 시비를 피하면서 잠재적으로는in absentia 상대에게 이미지의 타격을 줄 수 있기 때문이다.

하지만 이 놀이가 'as if'의 성격을 벗어나면 문제가 발생한다. 허구가 허구임을 알면서도 믿는 척할 경우 그것은 놀이 상황으로 남는다. 하지만 허구를 사실로 받아들이는 순간 천진한 놀이는 위험한 선동으로 변한다. 사실 나꼼수의 시나리오를 구성하는 단편들은 그저 확인만 되지 않았을 뿐 나중에 사실로 드러날 가능성도 있는 것들이었다. 적어도 현직 기자와 전직 의원이 제공한 정보들이기 때문이다. 실제로 나꼼수가 제공한 시나리오의 상당수는 후에 사실로 드러났다. 그러자 대중은 초기의 파타피지컬 모드에서 벗어나 나꼼수의 주장을 전적으로 신뢰하기 시작한다.

여론조사에서 나꼼수의 신뢰도(40퍼센트)가 한때 '조·중·동'의 신뢰도보다 두 배 이상(17.2퍼센트) 높게 나타나기도 했다.[26] 어느새 나꼼수는 오락매체가 아니라 보도매체, 그것도 가장 신뢰받는 대안매체로 여겨졌다. 이 매체의 엄청난 동원능력은 곧바로 정치적 영향력으로 이어졌다. 이로써 가벼운 농담으로 시작한 놀이가 과도하게 진지해지고 이는 나꼼수를 어떤 딜레마에 빠뜨리고 만다. 언론과 권력을 자처하는 한 보도윤리와 정치윤리의 구속을 받아야 하기 때문이다. 윤리를 준수할 경우 나꼼수는 특유의 생명력을 잃고, 윤리를 무시할 경우에는 법적·정치적으로 위험해진다.

김용민의 '막말'은 특정 맥락에서는 그저 '지나친 농담'으로 치부되지만 정치라는 무거운 현실에 편입되는 순간 이른바 '정치적 올바름'political correctness의 엄격한 기준에 따라 '책임져야 할 망언'이 된다. 나꼼수가 제기한 수많은 의혹도 파타피지컬 모드를 유지하는 한 인터넷에 떠도는 각종 음모론이나 도시괴담처럼 가벼운 '놀이'로 여겨질 수 있었다. 하지만 정치라는 삼엄한 현실에서 모종의 기능을 하는 순간 그것은 곧바로 정치적 공격과 사법적 시비의 대상이 된다. 이에 따르는 '윤리'의 문제를 나꼼수는 "쫄지 마"를 외치며 '용기'의 문제로 치환했다.

상상력은 환각으로

나꼼수에서 내놓은 주장의 상당수는 '음모론'의 형식을 취했다. 음모론에는 크게 네 가지 상황이 존재한다. 첫째, 유포자도 안 믿고 청취자도 안 믿는 경우. 이는 '놀이'의 상황이다. 둘째, 유포자는 안 믿고 청취자만 믿는 경우. 이는 '선동'의 상황이다. 셋째, 유포자도 믿고 청취자도 믿는 경우. 이는 '종교'의 상황이다. 넷째, 유

유태인 음모론을 다룬 《시온 의정서》의 속지와 표지

포자만 믿고 청취자는 안 믿는 독특한 경우. 이는 '광우'狂愚의 상황이다(허경영 신드롬을 생각해보라). 나꼼수는 놀이의 상황으로 출발했으나 현실에서 정치적 중요성을 띠면서 파타피지컬 모드를 벗어나기 시작했다. 이 경우 그것은 선동이나 종교의 모드로 나아갈 수밖에 없다.

'음모론'은 흔히 '특정 사안에 대한 공식적 설명을 부정하는 비공식적 견해로, 특정 인간집단이 비밀스러운 공모를 통해 사회를 움직인다고 주장하는 이론'으로 정의된다. 칼 포퍼Karl Popper(1902~

1994)는 음모론에 대한 최초의 비판자로 마르크스를 꼽았다.[27] 사회의 진로가 음모를 위해 뭉친 몇몇 사람의 의도가 아니라 개인·집단·계급의 합력이 만들어내는 의도하지 않은 결과에 따라 결정된다는 것이 마르크스의 인식이다. 사회가 음모로 움직이는 게 아니라면, 변혁도 음모를 폭로하는 식으로는 이루어질 수 없다. 여기서 나꼼수의 무기('폭로')는 전통적인 진보 진영의 무기('비판')와 정면으로 충돌한다.

칼 포퍼에 따르면, 음모론의 원형은 인간사의 모든 것이 올림포스 산정에서 꾸미는 신들의 모의로 결정된다는 그리스 신화적 사유다. 음모론은 사실 올림포스의 '신들'을 특정 인간집단으로 교체한 것에 불과하다. 이 시대에 음모론이 창궐하는 것은 디지털 테크놀로지가 문자문화에 밀려 역사의 뒤안길로 사라졌던 신화적·주술적 상상력을 다시 소환하는 경향이 있기 때문이리라. 플루서는 거기에 뒤따르는 위험을 지적한다. 기술적 형상은 문자숫자 코드로 그린 그림이기에, 대중이 현상의 바탕에 깔린 기술적 코드를 올바로 해독하지 못할 경우 "상상력은 환각으로 전락하고 만다."[28]

이성이 박약할 때 기술적 상상은 환각으로 퇴행한다. 음모론은 문자 '이전'의 이야기가 아니라, 문자 '이후'의 이야기다. 유사이성을 사용하기에 음모론도 언뜻 보기엔 '기술적 코드'로 작성되는 것처럼 보인다. 실제로 선관위 음모론을 주장한 것은 대학교수를 포함한 IT전문가들이었고, 박주신의 병역기피 음모론을 제기한 것 역시 현직 전문의들이었다. 음모론의 주창자들은 현상을 설명하는 데 '기술적 코드'를 동원했고, 대중은 자신들이 기술적 독해를 통해 현상의 깊은 의미를 이해했다고 착각하며 지적 만족감을 느꼈다. 이

로써 "서사적 열정은 편집증적 집착paranoiac obsession으로 전환한
다."²⁹

전유와 기능전환

에코Umberto Eco(1932~)는 소설 속 등장인물의 입을 빌려 이렇게 말
한다. "어떤 음모를 폭로하는 문서를 만들어서 팔아먹으려면 독창
적인 내용을 구매자에게 제공해서는 안 되고, 오히려 구매자가 이
미 알아낸 것이나 다른 경로를 통해 쉽게 알아낼 수 있는 것만을 제
공해야 한다. 사람들은 저희가 이미 알고 있는 것만을 믿는다. 음모
론의 보편적 형식이 빛나는 이유가 바로 거기에 있다."³⁰ 대중이 음
모론을 믿는 것은 그 음모론을 만드는 데 자기들이 직접 참여했기
때문이다. 계몽의 패러다임이 실패하는 것은 그 때문이다. 속이는
자와 속는 자가 따로 있는 게 아니다. 대중은 사실의 발견, 논리의
제공 등 모든 면에서 음모론 구축에 참여했다. 디지털의 음모론은
'집단지성'의 변종으로 나타난다.

　나꼼수는 서사를 향한 디지털 대중의 열망을 음모론에 가둬버
리고 말았다. 하지만 그 한계에도 불구하고 '나꼼수' 실험이 갖는
의의는 무시할 수 없다. 나꼼수는 '탈정치화'한 디지털 세대에게서
내면에 숨은 정치적 욕망을 발견하고 끌어냈으며, 네트워크로 연결
된 개인들의 연대로 사회를 변화시키는 디지털 참여민주주의의 가
능성도 보여주었다. 나아가 유저가 제작하는 콘텐츠가 신뢰도와 영
향력에서 기존 언론을 능가할 수 있음을 입증했고, 기능전환으로
테크놀로지를 정치적 목적에 전유appropriation하는 탁월한 예를 제

시하며 정치의식에 유희정신을 결합한 새로운 유형의 정치적 주체들을 낳았다.

나꼼수의 한계는 우리 사회의 의식이 아직 테크놀로지가 제공하는 진보적 잠재성을 올바로 활용할 만큼 성숙하지 못했음을 의미한다.

10

디지털 성전(聖戰)

2008년 대중이 촛불집회를 어떻게 거대한 게임으로 변화시켰는지 분석한 글을 발표했었다. 그로부터 2년 후 '게이미피케이션'gami-fication이라는 말이 인구에 회자되기 시작한다. 게이미피케이션이란 "게임 디자인의 요소를 게임이 아닌 맥락에 사용하는 것"[31]을 말한다. 촛불집회가 의도하지 않은 자발적이고 자생적인 게이미피케이션이었다면, 오늘날에는 교육·경영·커뮤니티 운영·인터페이스 디자인 등에 '의도적으로' 게임의 사고와 전략을 개입시키는 실험이 이루어지고 있다. 이는 사진-영화에 기초한 문화적 패러다임이 비디오게임의 그것으로 이행하는 데 따른 자연스러운 현상이리라.

정치의 게이미피케이션

주목할 것은 정치의 게이미피케이션이다. '일베'(일간베스트)라는 트롤링 사이트가 성장한 것도 커뮤니티 운영에 게임의 전략을 차용한 것과 무관하지 않다. 널리 알려진 것처럼 '일베' 이용자들 다수는 자신을 '벌레'로 비하하거나 사회적 '루저'로 자처한다. 하지만 가정이나 학교나 사회에서 칭찬을 받아보지 못한 그들도 어디선가는 인정을 받고 싶어한다. 그들에게는 자신들의 비루한 현실을 대체할 대안적 시공간이 필요하다. 일베라는 가상세계는 사실상 그들이 현실에서 받아보지 못한 사회적 인정을 받고 나아가 자아를 실현할 수 있는 대안의 시공간, 즉 크로노토피아다.

　사람들이 게임에 빠지는 데는 이유가 있다. 현실은 종종 노력을 보상해주지 않는다. 하지만 게임은 정직해 즉각적으로 보상한다. 게임 속 규칙은 현실보다 공정하며 그곳에서 사용자들은 현실에서보다 평등하다. 누구나 노력한 만큼 경험치가 쌓이고 레벨이 올라간다. '일베'라는 커뮤니티는 이 게임의 논리로 운영된다. 회원들에게 추천('산업화')을 많이 받은 포스트는 '베스트 게시판'에 오르고 자기들을 베스트 게시판으로 많이 보낸 '게이'(게시판 이용자)는 레벨이 올라간다. 높은 레벨에 도달한 이른바 '고렙'들은 커뮤니티 내에서 다른 회원들에게 '존경'까지는 아니더라도 상당한 '존중'을 받는다.

　다른 회원들의 관심을 받으려면 글은 되도록 자극적이어야 한다. 하지만 자극은 금방 익숙해지기에 지속적 관심을 받으려면 강도를 점점 높여야 한다. 수간 인증, 강간 모의, 젖병 인증, 자살한 할아버지 사진 인증 등 일베에서 일으키는 사회적 파문은 대부분이 무모한 '관심 투쟁'의 결과다. 흥미로운 것은 이 게임이 현실감을 잃게 만들 정도로 몰입도가 높다는 점이다. 사회적 물의를 일으킨 회원들은 그저 자신들의 크로노토피아 안에서 '놀이'를 한다고 믿었을 것이다. 하지만 그 놀이가 밖으로 노출되면서 그들은 자신들이 법과 도덕으로 규제되는 냉엄한 현실에 존재함을 너무 늦게 깨닫게 된다.

'병신' 게임

일베 회원들은 자신들이 "병신"임을 부정하지 않는다. "역시 일베는 병신 같은 게 제맛이다." 회원들 사이에 "병신 대결"이 일어나기도 한다. "일베에서도 나보다 더 병신 같은 xx는 없을 거다." 거기에는 심지어 '힐링' 효과도 있다. 사실 많은 회원이 "나 같은 병신"이나 "나보다 더 병신"을 보기 위해 거기 들어온다. 이 '병신-문화'에는 매력적인 구석이 있다. 그 안에는 중세의 카니발이나 공옥진의 병신춤 비슷한 '해방적' 계기가 들어 있기 때문이다. "우리 모두가 병신"이라는 말에는 아직 우리가 신분과 계급으로 나뉘지 않았던 우주적 평등의 상태로 돌아가고픈 원초적 욕망이 담겨 있다.

하지만 이 해방적 계기는 곧바로 부정당한다. 여성과 외국인과 호남인 등 사회적 약자나 소수자를 공격함으로써 일베는 차별을 폐지하는 대신 거기에 동참한다. 차별을 당하는 자들이 왜 타인을 차별하려고 할까? 이유가 있다. 메이지유신 당시 일본에서 신분제 철폐에 가장 반대한 것은 외려 상민들이었다. 신분제가 철폐되면 천민을 차별하지 못하게 되기 때문이었다. 사무라이로부터 받는 차별의 수모를 견디게 해준 것은 그들이 마음 놓고 차별할 수 있는 천민 계층의 존재였다. 일베의 심리도 다르지 않다. 현실에서는 차별의 '대상'이지만 적어도 일베에서 그들은 차별의 '주체'가 될 수 있다.

일베의 '고학력 인증' 사태도 이와 관련된다. 그것은 학력으로 차별받는 이들이 차별에 항의하는 대신에 타인의 고학력을 내세워 차별하는 위치에 서보고 싶은 욕망의 산물이다. 다른 커뮤니티에서는 회원들이 굳이 학력을 인증할 필요를 못 느낄 것이다. 일베에서는 다르다. 거기서 그것은 실재계를 가리는 스크린 역할을 한다. 즉 자신을 소수 고학력 회원들과 동일시함으로써 자기가 학벌사회의 루저라는 사실을 은폐하는 것이다. 차별받는 현실을 잊으려고 차별하는 '권력'에 동승할 때 병신 게임의 무정부주의적 해학은 곧바로 파시스트적 공격으로 전화하게 된다

자신을 '병신'이라 부르려면 보통은 존재의 여유가 필요하다. 자신이 병신이 아니라 믿는 이들만이 자신을 병신이라 부르는 놀이를 허락할 수 있다. 그러나 일베 회원들은 다르다. 그들은 무의식 깊은 곳에서 자신을 '병신'으로 느낀다. 그들이 자신을 '병신'이라 부를 때 거기에는 놀이의 '여유'가 아니라 실존의 '절박함'이 묻어 있다. 이것이 그들이 인정하기 싫은 '실재계'다. 이를 공격적으로 망각하려고 억지로 차별대상을 만들어보려 하지만 그런다고 실재계가 사라지지는 않는다. 충족되지 않은 욕망은 반복적으로 표출되기 마련. 그래서 혐오발언을 마치 오토마톤Automaton처럼 강박적으로 반복하는 것이다.

애국서사

피라미드의 아래쪽에 위치한 계층은 '배제'에 대한 두려움이 매우 크다. '배제'를 당하지 않으려면 언제나 다수에 속해야 한다. 이 원시적 생존본능에서 소환되는 것이 바로 사회 절대다수가 공유하는 안전한 가치, 즉 애국이다. 주류에서 배제당한 그들은 자신도 주류에 속해 누군가를 배제해보기를 절실히 원한다. '주류'에 속하기 위해 그들은 자신을 심리적으로 국가와 동일시해놓고 이제 거기서 배

제할 누군가를 찾는다. 그것이 '종북세력'이다. 배제의 공포에서 비롯된 사이코드라마는 여기서 대한민국을 위협하는 붉은 무리에 맞서 싸운다는 장엄한 애국서사로 둔갑한다.

'애국서사'는 이제 온라인게임이 된다. 게시판을 교두보로 회원들은 다른 사이트로 원정을 떠난다. 게시판에는 이른바 '산업화'의 영웅담이 올라온다. 누군가 "화력지원"을 요청하면 다른 회원들은 기꺼이 지원군이 되어 표기된 좌표로 몰려가 함께 댓글을 달거나 별점테러를 가한다. 이른바 '고렙'들은 다양한 자료와 논리로 병졸들의 싸움에 필요한 아이템을 보급해준다. 일베 회원들은 가상에서는 '백해'하고 현실에서는 '무익'한 존재로 여겨진다. 하지만 거대한 애국 'MMORPG' 속에서 그들은 아무짝에도 쓸데없는 자신이 국가엔 쓸모가 있다고 느끼게 된다.

흥미롭게도 일베 회원들은 '팩트'를 강조한다. 맥락에서 주목해야 할 것은 일베의 젊은 회원들 중 상당수가 촛불집회 당시 자신이 '선동'당했다고 느낀다는 점이다. 실제로 촛불집회 당시 미국산 쇠고기의 위험성은 불필요할 정도로 과장된 측면이 있다. 특히 '수사적 과장'이나 '파타피지컬 모드'를 글자 그대로 '사실'과 '현실'로 받아들였던 나이 어린 학생들은 일베가 제시한 '팩트'에 계몽(?)당해 정치적으로 완전히 반대 방향으로 치닫게 된다. 그 결과 일베에서는 "촛불시위에서 드러난 급진성, 욕망의 정치, 윤리적 이상주의가 반전된 형태로 계승"[32]된다.

일베가 "나꼼수 현상의 거울 반전상"[33]이라는 지적도 있다. '팩트'를 강조한다고 하나, 사실 일베에서 내놓는 이른바 '팩트'들은 차라리 나꼼수의 것이 멀쩡해 보일 정도로 터무니없는 음모론이다.

광주항쟁에 북한군 특수부대가 개입했다는 '서사'가 그곳에서는 '정사'로 통한다. 음모론으로 무장한 전사들은 결코 패하지 않는다. 신앙은 논리로 반박할 수 없기 때문이다. 물론 역사가 서사로 변하는 것은 디지털 시대의 일반적 특징으로 볼 수 있다. 문제는 일베의 서사가 파타피지컬 모드에서 벗어나 스스로 '역사'가 되려 한다는 데 있다.

절대시계

'게이미피케이션'이 의도된 것이라면 '아키텍트'의 의도가 반영될 수밖에 없다. 일베에 게임 요소를 도입한 사람은 물론 운영자였지만, 그에게 사이트를 정치화하려는 의도가 있었을 것 같지는 않다. 그의 이해관계는 어떤 정치적 콘텐츠든 되도록 많은 회원이 이용하는 데 있기 때문이다. 일베의 정치화는 자발적으로 일어났다. 사실 일베에도 편을 가리지 않고 조롱하는 '놀이' 성향부터 무조건 권력의 편을 드는 '정치' 성향까지 다양한 스펙트럼이 존재한다. 이 역관계에 따라 전반적 우익의 기조 속에서도 게시판 분위기는 다소 변하곤 한다.

일베의 자생성을 정치적으로 활용하려는 시도는 바깥에서 이루어졌다. 2012년 대선 국면에서 국정원은 본격적 의미에서 '게이미피케이션 전략'을 사용했다. 당시 국정원에서는 일베 회원들에게 인터넷 사이트에서 활동하는 간첩(좌익)을 신고하라는 구체적 미션을 주었다. 미션을 성실히 수행한 회원들은 국정원으로 초대되어 이른바 '안보 교육'이라는 이름으로 극우 인사의 특강을 들었다. 일베 회원들을 열광시킨 것은 독특한 이 미션-보상의 전략이었다.

2012년 국정원의 미션을 충실히 수행한 일베 회원만 '득템'할 수 있었다는 '절대시계'

국정원에서 선물로 나눠준 절대시계는 엄청난 충성을 바쳐야 '득템'할 수 있는 '절대반지'로 통하며 게임 아이템처럼 비싼 값에 거래되기까지 했다.

　네티즌의 신고로 간첩을 잡는다는 것은 허황한 생각이다. 실제로 그 많은 신고 중 간첩 검거로 이어진 경우는 한 건도 없었다. 절대시계를 이용한 국정원의 게이미피케이션은 애초에 간첩을 잡기 위한 것이 아니었다. 그것은 여당이 취약함을 보이는 젊은 층으로부터 충성을 끌어내 그들을 선거에 동원하기 위한 전략이었다. 댓글 사건에서 볼 수 있듯 국정원 요원들은 일베에 양질(?)의 아이템을 제공해주고 RT를 주고받으며 각종 게시판의 베스트를 조작하는 등 이 게임에 직접 플레이어로 참여하기까지 했다. 국가기관과 우익 청년들은 게임 속의 연합군이었다.

홀리 워크래프트

게이미피케이션을 정치적으로 활용한 것이 국정원만은 아니다. 알카에다의 무장단체들은 이미 몇 년 전부터 젊은 층의 충성과 참여를 끌어내기 위해 커뮤니티 운영에 게임의 원리를 도입한 바 있다.[34] 동료 회원들이 주는 '감사 포인트'thank you points나 '명성 포인트'reputation points를 모아 레벨을 끌어 올린다는 점에서, 사이트의 운영원리는 일베와 크게 다르지 않다. 이렇게 포스트의 내적 가치보다는 외적 보상에 집착하게 만드는 곳에서는 당연히 극단적 견해일수록 높은 포인트를 받기 마련이다. 그 결과 커뮤니티 회원들의 평균적 의식은 날로 과격해진다.

레바논의 무장단체 헤즈볼라는 아예 비디오게임 웹사이트를 운영한다. 거기에는 레바논으로 들어오는 이스라엘 병사에게 로켓을 겨누거나 이스라엘 감옥에 갇힌 테러리스트들을 구출하라는 등 구체적 미션을 담은 게임이 올라온다.[35] 물론 어린이와 청소년들 사이에 맹목적 증오와 혐오를 유포함으로써 그들을 차세대 전사로 양성하기 위함이다. 여기서 게임은 졸지에 사이버 모병 프로젝트, 사이버 훈련 프로젝트가 된다. 맹목적 혐오를 유포하는 수단으로 게임을 활용하는 사례는 일베에도 있었다. 사회적 물의를 일으켰던 노무현 비하 게임('스카이운지'skyunji)을 생각해보라.[36]

게이미피케이션은 이렇게 무정부주의에서 극우 파시즘에 이르

알 카에다 무장단체가 게임의
원리를 도입한 커뮤니티 사이트.

기까지 다양한 정치적 활용의 가능성을 허용한다. 그리고 이런 일
은 실제로 일어나고 있다. 특히 게이미피케이션이 아래로부터 자발
적으로 발생하지 않고 위로부터 의도적으로 프로그래밍될 때 정치
적 오용의 가능성은 더 커진다. 게임의 정치화, 정치의 게임화는 권
력에 대항하는 저항군의 무기가 될 수도 있고, 권력을 수호하는 친
위대의 무기가 될 수도 있다. 어느 경우든 부정할 수 없는 것은 '성
스러운 전쟁'holy war이 점점 더 "성스러운 워크래프트"holy warcraft
로 변해가리라는 점이다.

먼저 최후의 사진 이론인 바르트의 '푼크툼' 이론이 디지털 테크놀로지의 등장으로 존립 근거를 잃는 과정을 살펴볼 것이다. 디지털 이미지는 역사적으로 선행한 두 이미지, 즉 사진과 회화를 하나로 통합한다. 최근 회화적 사진이 귀환한 것은 그와 관련이 있다. 그리고 '카메라의 눈'은 이제 '컴퓨터의 눈'으로 대체된다. 이에 따라 몽타주에 기초한 모더니즘의 '파편성의 미학'은 디지털 합성에 기초한 '총체성의 미학'으로 진화한다. 끝으로 디지털 이미지의 도전에 대한 몇몇 아날로그 사진작가들의 대응을 살펴볼 것이다. 그들은 디지털 가상의 미적 효과를 아날로그적 방식으로 연출하려 한다.

4장 지표의 상실

11

사진 이론의 역사

전시실 벽에 거울이 걸려 있고, 그 매끈한 표면 위에 다섯 장의 사진이 붙어 있다. 넉 장은 거울의 중앙에 함께 배치되어 있고, 나머지 한 장은 뚝 떨어져 왼쪽 상단에 있다. 사진 하나하나를 자세히 보면 사진사가 거울 앞에 서서 폴라로이드 카메라로 거울에 비친 제 모습을 찍은 것임을 알 수 있다. 오타와의 캐나다 국립 미술관에 소장된 마이클 스노Michael Snow(1929~)의 〈저자권한Authorization─사진사의 초상〉(1969)이라는 작품이다. 하지만 제목이 암시하는 것과 달리 정작 이 작품은 저자의 '자기소거'self-effacement를 보여준다.[1] 이 작품에선 작가도 초상도 서서히 사라져간다.

사진적 행위

텅 빈 거울을 향해 셔터를 누른다. 즉석에서 현상된 사진은 거울에 테이프로 표시된 사각형의 한 귀퉁이에 붙여진다. 그것이 거울 속 사진사의 모습을 4분의 1가량 잡아먹는다. 이어서 같은 위치에서 또 한 번 셔터를 누른다. 그 사진은 앞 사진의 오른쪽에 붙여진다. 이제 찍는 이의 모습은 절반이 가려졌다. 다시 셔터를 누른다. 이번 사진은 두 사진의 아래에 배치되고, 이로써 사진사의 모습은 4분의 3이 사라진다. 다시 그것을 찍어 남은 귀퉁이에 붙이면 거울 위 사

마이클 스노, 〈저자 권한−사진사의 초상〉, 1969년

각형에서 작가의 모습은 완전히 사라진다. 사진사를 집어삼킨 이 넉 장의 사진. 그것을 찍은 마지막 사진은 거울의 왼쪽 상단으로 올라간다.

"주체는 사진적 행위에 의해, 그리고 그 행위 속에서 완전히 용해된다." 작가를 삼켜버린 다섯 장의 사진으로 표상되는 것은 사진을 찍는 '이미지 행위'image-acte다. 《사진적 행위》(1992)의 저자 필립 뒤부아Philippe Dubois(1965~)는 이 작품에 자신의 논지 전체를 암시하는 상징의 역할을 맡긴다.[2] 이는 푸코가 디에고 벨라스케스의 작품을 자신의 저서 《말과 사물》의 엠블럼으로 사용한 것과 유사하다. 푸코에게 〈시녀들〉(1656)이 '회화의 회화'였던 것처럼 뒤부아에게 스노의 작품은 사진의 사진, 즉 사진 찍기의 사진이다. 벨라스케스가 그림으로써 '그리는' 행위를 주제화한 것처럼 스노는 사진으로써 '찍는' 행위를 주제화한 셈이다.

스노의 작품은 롤랑 바르트가 "저자의 죽음"이라 부른 것의 사진적 표현이다. 구조주의의 관념에 따르면 텍스트는 저자의 산물이 아니라 구조의 산물이다. 이 생각은 '담론이 주체의 산물이 아니라 주체가 담론의 산물'이라는, 우리에게 이미 익숙한 후기 구조주의 철학의 관념으로 이어진다. 뒤부아 역시 사진을 작가의 표현이 아니라 사진 그 자체의 작동une mise en acte으로 본다. 이는 진리의 발동ins-Werk-Setzen이라는 하이데거의 예술 개념을 불역佛譯한 것으로 보인다. 사진을 저자에서 행위로 환원시킨 후 뒤부아는 기호학의 관점에서 사진적 행위l'acte photographique의 본질을 묻는다.

세계의 그림

찰스 S. 퍼스Charles Sanders Peirce(1839~1914)는 기호를 크게 도상icon, 지표index, 상징symbol 세 가지로 나눈 바 있다. '도상'은 우리가 흔히 보는 그림처럼 '유사성'을 토대로 작동하는 기호를 가리킨다. 유사성이 있기에 우리는 그림을 어렵지 않게 그것이 재현하는 사물로 인지한다. '지표'는 와이셔츠에 묻은 루즈가 남편의 외도를 의미하듯 '인과성'을 토대로, 혹은 화살표를 보고 특정한 장소를 찾아가듯 '인접성'을 토대로 기능하는 기호다. 그러나 '상징'에는 이런 자연적 연고가 없다. 그것은 우리가 사용하는 언어처럼 지시대상과의 유사성이나 인접성 없이 그저 관습과 협약에 따라 사용되는 기호다.

뒤부아에 따르면, 사진 이론의 역사는 도상-상징-지표의 순서로 발전해왔다. 이와 비슷한 순서를 회화의 역사에서도 볼 수 있다. 이를테면 19세기까지 고전 회화는 자신을 '도상'으로, 말하자면 자연의 모방으로 이해했다. 하지만 20세기 초반의 회화는 눈에 보이는 것을 재현하는 차원을 넘어 눈에 보이지 않는 것을 현시하려 했다. 추상을 통해 가시적 현실과의 닮음을 포기하고 더 고차원적 세계 현실의 '상징'이 되려 한 것이다. 한편 제2차 세계대전 이후의 회화는 추상표현주의나 앵포르멜informel처럼 재료의 물질성을 강조함으로써 흔적과 자취로 돌아간다. 회화가 '지표'로 전화한 셈이다.

사진 이론 역시 사진을 도상으로 간주하는 데서 출발했다. 카메라가 등장했을 당시 사람들의 눈에 맨 먼저 들어온 것은 사진이 현실을 빼어나게 닮았다는 사실이었다. 그리하여 사진은 현실을 쏙

4장 지표의 상실

빼닮은 도상기호로 여겨졌다. "사진과 영화는 그 속성상 사실주의의 강박관념을 충족시킨다." 고전 회화가 자신을 '자연의 모방'으로 규정한 것처럼, 사진 역시 자신을 세계의 재현으로 간주한 것이다. 게다가 사진은 진리충실성verisimilitude이라는 면에서 회화를 능가한다. 사람들은 사진에서 그 어떤 매체도 따라잡을 수 없는 세계의 객관적 재현을 보았다. 이것이 제1세대의 사진 이론이다.

관념의 텍스트

이제 우리는 그것이 얼마나 소박한 생각인지 안다. 사진은 세계의 거울이 아니라 그것의 변형이기 때문이다. 조 로젠탈Joe Rosenthal(1911~2006)과 예브게니 A. 할데이Yevgeny Anan'evich Khaldei(1917~1997) 등 포토저널리즘을 대표하는 작가들의 작품 중 상당수가 연출사진이었던 것으로 오늘날 드러나고 있다. 그들은 사진에 세계가 아니라 자신들의 관념을 담은 셈이다. 루돌프 아른하임Rudolf Arnheim(1904~2007)에 따르면 사진을 찍을 때 우리는 문화적으로 형성된 지각의 코드를 적용한다. 사진을 해독하려면 이 관습적 코드를 따로 배워야 한다. 인류학은 문명 이전의 부족들이 종종 사진을 보고도 이해를 하지 못한다고 보고한다.

　20세기의 사진 이론은 사진을 실재의 '반영'이 아니라 '변형'으로 바라본다. 사진은 세계의 그림이기 이전에 무엇보다 그것을 찍는 이가 지닌 관념의 그림이다. 굳이 연출하지 않더라도 '무엇을 찍을까' 혹은 '어떻게 찍을까'를 결정할 때부터, 세계는 사진사의 관념에 따라 구성된다. 라슬로 모호이 나지László Moholy-Nagy(1895~

조 로젠탈, 〈이오지마에 깃발을 휘날리다〉, 1945년

예브게니 A. 할데이, 〈독일 제국의회의 깃발을 휘날리다〉, 1945년

1946)가 "글자를 모르는 자가 아니라 사진을 못 읽는 자가 미래의 문맹자가 될 것"이라 말한 것은 이 때문이다. 물론 텍스트와 달리 이미지는 다양하게 해석된다. 발터 벤야민이 사진에서 표제의 역할을 강조하는 것은 사진이 그러한 해석의 비결정성을 극복하고 명확한 정치적 메시지가 되기를 원하기 때문이리라.

　　20세기 후반을 풍미했던 '사진의 기호학' 역시 사진 이미지를 텍스트로 간주했다. 언어처럼 코드code와 메시지message로 구조화되었다는 가정하에서만 사진 역시 해독 가능한 텍스트가 되기 때문이다. 이를테면 《카이에 뒤 시네마》Cahiers du cinema 그룹은 모든 사진의 바탕에 이데올로기가 깔려 있음을 지적한다. 사진은 이미지로 쓴 이데올로기, 즉 일종의 은폐된 텍스트라는 것이다. 아주 오랫동안 사진 비평의 주요한 과제 역시 사진의 바탕에 깔린 이 감추어진 메시지의 층위를 드러내는 데 있었다. 이처럼 사진이 이미지로 된 텍스트라면, 그것의 기호학적 본성은 '상징'이리라. 이것이 제2세대 사진 이론이다.

세계의 흔적

1980년대에 들어와 새로운 시각이 등장한다. 이미 아른하임은 "물리적 대상들은 자신들의 이미지를 빛의 광학적·화학적 반응을 통해 스스로 자국으로 남긴다"라고 말한 바 있다. 엄밀히 따져 사진은 도상기호가 아니다. 카메라는 현실을 재현할 '의도'가 전혀 없기 때문이다. 피사체와 카메라 사이에 존재하는 것은 그저 반사광과 감광물질 사이의 광학적·화학적 인과관계뿐. 이는 특히 포토그램에서 잘 나타난다. 피사체를 인화지 위에 올려놓고 바로 현상하는 윌리엄 H. 폭스 탤벗William Henry Fox Talbot(1800~1877)의 〈포토제닉 드로잉〉Photogenic Drawing이나 만 레이Man Ray(1890~1976)의 〈레이요그래피〉Rayography는 사진의 지표성을 잘 보여준다.

로잘린드 크라우스Rosalind E. Krauss(1944~)의 말대로 "포토그램은 모든 사진에 적용되는 것을 극단적으로 보여주거나 명확하게 한다. 모든 사진은 빛의 반사에 의해 감광면 위로 옮겨진 물리적 자국의 결과다."[3] 물론 사진은 피사체를 닮을 수 있다. 하지만 이것은 하나의 물리적 효과, 즉 모방의 의도가 전혀 없는 빛 자체의 물질효과에 불과하다. 따라서 사진은 그 본성상 지표기호라 할 수 있다. 이렇게 해서 사진은 실재의 거울, 실재의 변형을 거쳐 마침내 '실재의 자국'이 된다. 하지만 사진이 발생 측면에서만 지표인 것은 아니다. 수용 측면에서도 '지표'의 특성을 갖는다.

가끔 어떤 사진을 볼 때 우리는 그 모든 해석에 앞서 뭔가 와서 '꽂히는' 체험을 한다. 동일한 메시지를 담았을지라도 어떤 사진은 다른 것과 달리 유독 우리의 폐부를 찌른다. 때로 그 효과는 사진의 제재나 주제와 전혀 관계가 없는 우연한 요소에서 나온다. 이렇게 강렬한 체험을 일으키는 것은 그 사진의 의미를 읽는 '일반적' 해석의 틀이 아니라 그 사진의 '개별적' 존재가 찔러오는 고유한 효과다. 이 촉각적 효과는 사진이 우리 신체에 남긴 '자국'이라 할 수 있는데, 롤랑 바르트Roldand Gérard Barthes(1915~1980)는 이를 '푼크툼' punctum이라 부른다. 이렇게 사진의 본질을 지표성에서 찾는 것이 사진 이론의 제3세대다.

'거기에 있었던' 것의 기록이라는 인식에서 자연스레 사진을

윌리엄 H. 폭스 탤벗, 〈포토제닉 드로잉〉, 1840년

만 레이, 〈레이요그래피〉, 1924년

시간-죽음과 연결시키는 시각이 등장한다. '거기에 있었던 것'은 언젠가 사라질 터이기 때문이다. 바르트는 사진이라는 매체medium를 영매medium로 간주한다. 뒤부아도 사진을 "무시간적 죽음"a-chronic death에 비유한다. 사진의 본질은 이집트인들이 죽은 자를 썩지 않는 미라로 만들어 보존했듯 피사체를 시간의 흐름에서 떼어내 영원으로 보내는 데 있다는 것이다. 사진은 죽음을 기록한다. 빛의 기록photo-graphy은 곧 죽음의 기록thanato-graphy이다. 뒤부아에 따르면 사진적 행위의 힘은 "죽음에 대한 두려움을 삶에 대한 희망으로 역전"[4]시키는 것이다.

12

밝은 방

'밝은 방'chambre claire은 '카메라 루시다'camera lucida를 직역한 표현이다. '카메라 루시다'는 프리즘 렌즈를 이용해 화가로 하여금 대상의 윤곽을 그대로 본뜨게 해주는 도구다. 프리즘 렌즈는 세 면으로 이루어져 있다. 그중 한 면은 묘사 대상을 향하고 다른 한 면은 화가의 눈을 향하며 나머지 한 면은 아래의 도화지를 향한다. 화가가 렌즈에 눈을 대면 빈 도화지 위에 묘사해야 할 대상의 영상이 중첩되고, 그렇게 굴절투사된 영상의 윤곽을 본뜨면 사진만큼 정확한 기계적 재현이 얻어진다. 한마디로 광학적 증강현실 장치인 셈이다. 하지만 바르트가 제 책에 그 도구의 이름을 붙인 데는 다른 이유가 있다.

사진의 기술적 기원 때문에 그것을 어두운 방camera obscura의 관념과 연결시키는 것은 분명 잘못된 일이다. 우리는 밝은 방camera lucida을 언급해야 한다. 왜냐하면 시선의 관점에서 보면 이미지의 본질은 내밀함 없이 전적으로 바깥에 있으나, 내면의 사유보다 더 접근할 수 없고 신비하기 때문이다. 사진의 본질은 피사체가 언젠가 한 번 사진 속의 그 공간에 진짜로 존재했다는 사실에 있다. 따라서 사진은 본질적으로 사진기 내부의 어두운 공간이 아니라, 사진기 밖의 밝은 공간에 속한다.[5]

카메라 루시다. 화가는 이 프리즘 렌즈를 이용해 대상을 그대로 본뜰 수 있다.

스투디움과 푼크툼

책을 쓰기 전 바르트는 "사진에 대해 어떤 존재론적 욕망에 사로잡혀 있었다." 사진이 무엇인지 알기 위해 그는 "겨우 몇몇 사진들, 즉 나를 위해 존재한다고 확신했던 그런 사진들을 탐구의 출발점으로 삼기로 결정"한다. 이는 물론 "자신 안에 있는 유일하게 확실한 것"에만 의존하여 "모든 환원적 체계에 대한 결사적 저항"을 수행하기 위한 몸부림이었다.[6] 데카르트를 연상시키는 이 방법적 회의를 통해 바르트는 이런 결론에 도달한다. "그것(=사진)은 절대적으로 고유한 특수성이며, (……) 최고의 고유한 우연성이며 (……) 순수한 우연tuché, 고유한 기회, 고유한 만남, 고유한 현실이다."[7]

이 대목에서 바르트는 사진의 '스투디움'studium과 '푼크툼' punctum이라는 유명한 구별을 도입한다. 사진은 읽을 수 있다. 이를테면 흑인 장교가 프랑스 삼색기에 경례를 하는 사진에선 이런 메시지를 읽어낼 수 있다. '조국 프랑스는 피부색에 관계없이 누구나 프랑스군의 장교로 받아들인다. 삼색기 아래서 우리는 피부색이 달라도 모두 하나의 국민이다.' 이때 그 사진은 식민주의 이데올로기의 시각적 표현이 된다. 이처럼 사진을 해독하는 데 사용되는 관습적 코드를 '스투디움'이라 부른다. 1970년대까지 사진 비평은 이데올로기 비판의 관점에서 대개 사진의 스투디움을 분석했다.

라틴어에서 스투디움은 "어떤 것에 대한 전념, 누군가에 대한 애정, 열정적이지만 특별히 격렬하지는 않은 일반적 정신집중"[8]을 뜻한다. 사진에서 스투디움을 찾아 읽는 것은 언제나 고전적 의미의 정보로 귀결된다. 이것은 통상적 해석의 체계를 요구한다. 이때 사진에 대해 우리가 느끼는 것은 "평균적 정서, 즉 거의 길들이기"에 가깝다. 하지만 사진에서 의미를 읽는 이 통상적 절차는 바르트의 관심을 끌지 못한다. 정작 그가 주목하는 것은 두 번째 요소다.

> 이 두 번째 요소는 스투디움을 깨뜨리러 온다. 이번에는 내가 그것을 찾는 것이 아니라 그것이 장면으로부터 화살처럼 나와 나를 관통한다. 뾰족한 도구에 의한 이러한 상처, 찔린 자국, 흔적 (……) 푼크툼은 또한 찔린 자국이고, 작은 구멍이며, 조그만 얼룩이고, 작게 베인 상처이며, 또한 주사위 던지기이기 때문이다. 푼크툼은 사진 안에서 나를 따르는 그 우연이다.[9]

푼크툼은 이렇게 통상적 해석의 체계를 전복하면서 일종의 사건처럼 우리를 엄습한다. 이것은 "주제로서의 사진이 아니라 상처로서의 사진"이다.

세부, 공간의 푼크툼

바르트는 푼크툼의 조건을 나열한다. 먼저 "푼크툼은 하나의 세부 요소, 다시 말해 부분적 대상이다."[10] 그것은 주목받지 못하는 작은 디테일이다. 이를테면 코엔 웨싱Koen Wessing(1942~2011)의 사진에서 아이의 시체 앞에서 오열하는 어머니의 손에 들린 침대보가 바로 그런 것이다. 제임스 반 데르 지James Van Der Zee(1886~1983)의 사진에서 그것은 흑인 여인의 목에 걸린 목걸이이며, 루이스 하인Lewis Wickes Hine(1874~1940)의 사진에서는 정박아 소년의 당통식 칼라다.

제임스 반 데르 지, 〈가족 초상화〉, 1926년

루이스 하인, 〈고아원의 정박아〉, 1924년

펠릭스 나다르, 〈사르보낭 데 브라자와 두 명의 선원〉, 1882년

조지 W. 윌슨, 〈빅토리아 여왕〉, 1863년

또 펠릭스 나다르Félix Nadar(1820~1910)의 사진에서는 흑인 견습선원의 팔짱 낀 팔이며, 조지 W. 윌슨George Washington Wilson(1823~1893)의 사진에서는 빅토리아 여왕이 탄 말의 고삐를 쥔 사내다.

하지만 디테일이 곧바로 푼크툼인 것은 아니다. 그 디테일이 비의도적이어야 한다. "흥미를 끄는 세부 요소는 의도적이 아니거나, 최소한 완전히 의도적은 아니며, 의도적이어서도 안 될 것이다." 푼크툼은 의도적으로 연출되는 것도 아니고, 의식적으로 부각되는 것도 아니다. 그것은 그저 우연히 거기 있었다는 이유만으로 찍히지 않을 수 없었던 디테일이다. 따라서 "사진작가의 투시력은 보는 데 있는 것이 아니라 그곳에 존재하는 데 있다."[11]

하지만 이것으로도 충분하지 않다. 하찮은 것으로 전락하지 않으려면 그 의도하지 않은 디테일이 내 안에 무언가 "영감을 불러일으키고, 내 안에서 작은 전복, 즉 어떤 공의 지나감을 야기"[12]해야 한다. 바르트는 이를 선禪에서 말하는 '사토리'悟り(순간적 깨달음)에 비유한다. 나아가 푼크툼은 하나의 보충, "시야 밖의 미묘한 영역과 같은 것"[13]이어야 한다. 이를테면 성기가 노출된 포르노 사진과 달리 노출 없이도 보는 이를 프레임 밖으로 이끄는 에로틱 사진처럼 푼크툼도 관객을 프레임 밖으로 끌어내야 한다.

이 대목에서 바르트는 끌어가던 논의를 불현듯 중단한다. 자기에게 푼크툼으로 다가온 모든 사진을 검토해보았지만 그저 자기 안의 욕망이 어떻게 움직이고 있는지 알았을 뿐 사진의 본질eidos을 발견하지는 못했다는 것이다. "내가 인정하지 않을 수 없었던 것은 내 즐거움이 불완전한 매체이고, 쾌락주의적 기획으로 귀결된 주관성은 보편적인 것을 알아볼 수 없었다는 점이다."[14] 그리하여 그는 이제까지 자기가 한 말을 모두 "취소"하고 사진의 본질에 도달하기 위해 자기 자신 속으로 더 깊이 내려가보기로 한다.

죽음, 시간의 푼크툼

구원의 빛을 던져준 것은 작고한 어머니의 사진첩을 정리하다가 발견한 한 장의 낡은 사진이었다. 그 세피아빛 사진은 바르트의 어머니가 다섯 살 때 자신의 오빠와 온실에서 찍은 것이었는데, "사진의 본질 같은 무언가가 그 특별한 사진 속에 감돌고 있었다." 그는 "그 유일한 사진에서 사진의 고유성을 끌어내어 마지막 탐구의 안내로 삼기로 결심" 한다.[15] 이 사진은 그에게 "진정 본질적이었다." "유일한 존재에 대한 불가능한 앎을 유토피아적으로 완수해주었"[16]던 것이다. 바르트가 그 사진에서 발견한 것은 대단한 게 아니다. 그저 "자신의 어머니가 그때 그 자리에 있었다"라는 사실뿐이다.

하지만 이 단순한 사실이 예사롭지 않았다. 이를테면 사진은 회화와 다르다. 회화는 현실을 보지 않고도 그것을 가장할 수 있다. 언어도 마찬가지다. 말로 무엇을 꾸며대지 못하겠는가. 그리하여 언어가 사실이 되려면 "논리가 소환되고, 그게 안 되면 선서가 동원"되어야 한다. 사진은 다르다. 사진은 "코드 없는 이미지"다. 사진에서 촬영된 대상과 관객의 시선은 일종의 "탯줄"로 연결된다. "내가 사진의 지시대상이라 부르는 것은 하나의 이미지나 기호가 지시하는 임의적으로 현실적인 것이 아니다. 그것은 사진이 존재하는 데 없어서는 안 되는 것으로, 카메라 렌즈 앞에 놓였던 필연적으로 현실적인 것이다."[17]

이를 바르트는 '사진의 노에마'라 부른다. 물론 사진도 거짓말을 할 수 있다. 하지만 "사물의 의미에 대해서는 거짓말을 할 수 있어도 사물의 존재에 대해서는 거짓말을 할 수 없다." 바르트가 최종적으로 사진의 본질로 발견한 것은 공존의 단순한 신비, 즉 '그것이-존재-했음'이라는 단순한 사실에 대한 놀라움이다. 그것은 하이데거가 말한 존재론적 차이에 대한 갑작스러운 깨달음이리라. "사진들의 일상적 폭발 속에서 '그것이-존재-했음'이라는 노에마는 (……) 당연한 특징처럼 무심하게 체험될 수 있다. 온실 사진은 이와 같은 무심에서 나를 일깨웠던 참이었다."[18]

이 깨달음에 힘입어 바르트는 '디테일'에서 나오는 공간적 푼크툼과는 구별되는 또 다른 푼크툼에 도달한다. "이제 나는 세부 요소와는 다른 또 하나의 푼크툼이 있음을 안다. 이 새로운 푼크툼은 더 이상 형태가 아니라 강도인데, 바로 시간이고 노에마의 가슴 아픈 과장이며 그것의 순수한 표상이다."[19] 바르트는 알렉산더 가드너Alexander Gardner(1821~1882)가 찍은 루이스 페인Lewis Payne(1844~1865)의 사진을 예로 든다. 사진 속 청년은 미국 국무장관 암살을 기도한 죄로 사형선고를 받고 집행을 기다리는 중이다. "사진은 아름답고, 청년도 아름답다. 이것은 스투디움이다. 그러나 푼크툼은 그가 곧 죽는다는 것이다."[20] 이 사진은 절대적 과거를 제시하면서 미래의 죽음을 말한다.

어머니의 사진도 마찬가지다. "나의 어머니-아이를 촬영한 사진 앞에서 나는 어머니가 곧 죽을 것이라 생각했다." 이렇게 "사진의 노에마는 단순하고 평범하다. 그것은 아무런 깊이가 없으며, 그것은 '존재했다'일 뿐이다." 이 단순한 사실에서 나오는 푼크툼의

알렉산더 가드너, 〈루이스 페인〉, 1865년

효과는 사진 속의 대상이 한때 존재했으나 더는 존재하지 않는다는 사실, 지금은 살아 있으나 곧 죽을 것이라는 사실과 관련이 있다. 사진은 더는 존재하지 않는 대상을 눈앞에 나타나게 한다. 그리하여 바르트는 사진의 피사체를 "사진의 유령"이라 부른다. "사진은 나에게 이상한 영매, 새로운 환각 형태다. 지각의 차원에서는 허위이지만, 시간의 차원에서는 진실한 환각의 형태다."[21]

도상, 상징, 지표

앞 절에서 살펴보았듯 필립 뒤부아는 퍼스의 기호 클래스를 토대로 사진 이론을 세 단계로 구분했다. 초기의 사진 이론은 사진을 도상으로, 즉 세계의 '그림'으로 간주했다. 이는 자연의 모방이라는 회화의 규정을 그대로 본뜬 것이었다. 20세기 초반에 이르러서는 사진은 세계의 그림이 아니라 그것을 찍는 이의 관념의 그림이라는 인식이 확산된다. 이제 사진은 그 의미를 읽어야 하는 텍스트, 일종의 상징symbol으로 간주된다. 바르트는 20세기를 지배했던 이 오래된 관념을 전복시키려 한다. 그는 지배적 사진 담론에 노골적 혐오를 드러낸다.

> 오늘날 사진 해설가들에게서 유행하는 것은 의미론적 상대성이다. 현실적인 것은 없고(사진이 언제나 코드화되어 있다는 점을 보지 못하는 '사실주의자들'에 대한 경멸이 대단하다), 다만 기교가 있다는 것이다. 피지스physis는 없고 테지스thesis만 있다는 것이다.[22]

하지만 사진의 지시대상은 "필연적으로 현실적인 것"이다. 그
것은 실제 존재했던 것과 인과적으로 연결되어 있어 (회화나 언어와
달리) 존재했던 것의 증명이 될 수 있다. 사진은 "코드 없는 기호"
로, 그것의 기호적 본성은 지표에 속한다.

바르트의 이론이 앵포르멜의 정서와 어떤 식으로든 관련되었
음을 짐작하기란 어려운 일이 아니다. "나는 야만인이고 어린아이
다. 나는 모든 지식, 모든 교양을 몰아내고, 다른 시선을 물려받는
것을 삼간다." 이 말은 마치 아르 브뤼트art brut의 선언문처럼 들린
다. 시각성보다 촉각성을 강조하는 것은 전후 모더니즘의 특성인
데, 바르트 역시 사진을 시각이 아니라 촉각의 문제로 본다. 바르트
가 "사진작가의 투시력은 보는 데에 있는 게 아니라, 그곳에 있는
데에 있다"라고 말할 때, 그는 사진행위의 촉각성을 강조하고 있는
것이다. 촉각성에 대한 그의 취향은 다른 곳에서도 나타난다.

> 내가 사진을 찍을 때, 내가 견뎌내고 좋아하며 나에게 친숙한 유
> 일한 것은 사진기 소리다. 나에게 사진작가의 기관은 그의 눈이
> 아니라 손가락이다. 손가락은 카메라 렌즈의 셔터 소리에 연결
> 되어 있고, 금속성을 내는 건판의 미끄러짐과 연결되어 있다. 나
> 는 이런 금속성 소리를 거의 관능적으로 좋아한다. 이것은 그저
> 우연한 평행선이 아니다.[23]

유아론과 회고주의

〈밝은 방〉은 사진 이론의 역사에서 획을 긋는 사건이었다. 하지만

그의 이론에 대해 비판이 전혀 없는 것은 아니다. 그의 이론에서 가장 문제가 되는 것은 역시 푼크툼의 유아론적solipsist 성격이다. 바르트가 예로 제시한 여러 디테일—침대보, 목걸이, 당통식 칼라, 팔장 낀 팔, 말의 고삐를 쥔 사내—에서 푼크툼을 느끼는 사람들이 얼마나 될까? 바르트 자신도 이 문제를 이미 의식한 듯하다. "그런 만큼 푼크툼을 제시한다는 것은 어떤 면에서는 나를 토로하는 것이다."[24] 어쩌면 바르트가 푼크툼의 예로 제시한 것들은 실은 그의 주관적 투사에 불과한지도 모른다.

또 다른 푼크툼, 즉 시간의 푼크툼 역시 너무 향수적nostalgic이라는 비판을 받는다. 그는 자기 어머니의 어릴 적 온실 사진을 푼크툼의 예로 제시하지만 그것은 돌아가신 어머니에 대한 주관적 향수를 사진의 객관적 효과로 착각한 것인지도 모른다. 바르트 역시 그것이 오직 저만의 체험에 불과함을 안다. 그 중요한 사진이 《밝은 방》에는 정작 수록되어 있지 않다는 것이 징후적이다. "나는 온실 사진을 보여줄 수 없다. 그것은 나를 위해서만 존재한다. 여러분에게 그것은 별것 아닌 사진에 불과하고 '대수롭지 않은 것'의 수많은 표현들 가운데 하나에 불과할 것이다."[25]

이론의 보편성과 체험의 단독성 사이의 간극은 극복하기 어려운 것이다. 실제로 《밝은 방》은 사진 일반에 관한 담론과 어머니에 대한 사적 추도사 사이를 오간다.[26] 하지만 바르트는 우리에게 반문한다. "왜 대상마다 새로운 과학이 존재할 수 없단 말인가? 왜 (더 이상 보편적이 아닌) 특수한 마테시스mathesis singularis가 존재할 수 없단 말인가?"[27] 자크 데리다는 롤랑 바르트의 죽음에 바치는 추모 글에서 이 "단독성의 불가능한 과학"의 가능성을 모색한다.

가슴을 찌르는poignant 단독성은 일반성을 반박하지 않는다. 그
것은 자신이 법칙의 힘을 갖는 것을 방해하지 않고 외려 그것을
겨냥하고 표시하고 서명한다.[28]

근본적 위험

데리다의 시도에도 불구하고 바르트가 말하는 '단독성의 마테시
스'라는 유토피아적 학문이 어떻게 가능한지는 여전히 상상하기 어
렵다. 푼크툼의 철학적 난점은 곧바로 미학적 난점으로 이어진다.
바르트가 '사진을 찍는 자'가 아니라 '사진에 찍히는 자'와 '사진을
보는 자'의 입장에서 이론을 구성했음을 우선 기억하자. 그런 의미
에서 《밝은 방》은 일종의 '수용자 미학'이라 할 수 있다. 하지만 그
체험이 오직 바르트 자신에게만 이해되고, 그 이론이 오직 바르트
자신에게만 적용될 수 있는 것이라면, 그것은 수용자 미학이 될 수
없다. 이론으로서 보편성을 가질 수 없기 때문이다.

그렇다고 《밝은 방》이 '예술가 미학'이 될 수 있는 것도 아니
다. 푼크툼은 정의상 작가가 의도적으로 연출하는 것이 아니기 때
문이다. "사진작가의 투시력은 보는 데에 있는 것이 아니라 그곳에
존재하는 데에 있다."[29] 바르트는 "너를 고통스럽게 만드는 것은 아
마추어 범주들에 속하는"[30] 사진들이라고 말한다. 사진의 본질인
푼크툼은 의도하지 않은 것에서 발생하기에 사진의 진정한 전문가
는 외려 아마추어다. 이들이야말로 사진의 노에마에 가장 가까이
있기 때문이다. 이러한 입장은 《밝은 방》이 푼크툼의 예술가 미학
이 될 가능성을 원천적으로 봉쇄한다.

하지만 《밝은 방》의 가장 큰 난점은 정작 다른 데서 유래한다. 디지털 테크놀로지는 사진의 고유한 특성으로 여겨지는 지표성 indexicality을 무너뜨렸다. 디지털 사진은 피사체가 아예 없거나 적어도 그것이 그때 거기에 있을 것을 요구하지 않는다. 피사체와 "탯줄로 연결"되어 있지도 않으며 그 지시대상이 "필연적으로 현실적"이지 않다. 디지털 사진은 아직 존재하지 않는 것을 이미 존재하는 것처럼 제시한다. 바르트가 사진을 "그것은 있었다"ça-a-été로 규정했다면, 디지털 사진의 본질은 '그것은 있을 것이다'ça-aura-été로 규정된다. 이는 '사진' 자체의 위기를 의미한다.

13

회화적 사진의 귀환

1839년 루이 다게르Louis Daguerre(1787~1851)가 최초의 사진인 '다게레오타이프'Daguerréotype를 대중에게 공개한다. 그 이듬해에 또 다른 선구자인 이폴리트 바야르Hippolyte Bayard(1802~1887)가 익사한 사내의 시체를 찍은 사진을 발표한다. 그 사내는 바야르 자신이었다. 바야르는 다게르와 비슷한 시기에, 하지만 다게르와 다른 방식으로 사진을 발명했다. 하지만 학술원 회원 프랑수아 아라고Frnaçois Arago(1786~1853)로부터 발표를 늦춰달라는 부탁을 받고 그 청을 들어주었다가 다게르에게 선수를 빼앗겨버렸다. 아라고는 다게르와 절친한 사이였다고 한다. 이에 항의하기 위해 바야르는 자신을 익사한 시체로 연출한 사진을 찍은 후 그 뒷면에 이렇게 적었다.

"당신이 여기서 보는 시체는 무슈 바야르, 즉 당신이 보는 사진을 발명한 이의 시체입니다. 내가 아는 한 이 불굴의 실험자는 약 3년 동안 발견에 몰두했습니다. 정부는 오직 다게르에게만 너무 관대했고 바야르를 위해서는 해줄 게 아무것도 없다고 했답니다. 그래서 이 불쌍한 사람은 스스로 물에 몸을 던졌지요. 오, 인간 삶의 알 수 없음이여! 며칠 동안 시체 안치소에 있었지만, 아무도 그를 알아보지 못했고, 아무도 그의 사체를 찾지도 않았습니다. 여러분, 악취를 피하려면 그냥 지나쳐 가시는 게 좋

이폴리트 바야르, 〈익사한 남자의 자화상〉, 1840년

을 겁니다. 보시다시피 이 신사의 얼굴과 손이 썩어들어가기 시
작했으니까요."[31]

예술이냐 기록이냐

바야르는 미처 의식되지 않았던 사진의 또 다른 '얼굴'을 보여준다.
즉 사진은 진리를 말할 뿐 아니라, 동시에 허위를 말할 수도 있다는
것이다. 거짓말은 표제로만 하는 게 아니다. "신사의 얼굴과 손이
썩어들어가기 시작"했다는 거짓말은 사진 속의 어둡게 변색된 얼굴
과 손의 지원을 받는다. 여기서 표제와 사진은 공모를 한다. 사진이
허구를 말할 수 있다는 것은 미처 생각지 못한 사진의 새로운 '기
능'이다. 바야르의 사진은 사실의 '객관적 기록'이 아니라 작가의
'주관적 표현'이었다. '사진의 발명자'라는 타이틀은 다게르에게 빼
앗겼지만, 이 한 장의 사진으로 바야르는 '예술 사진의 발명자'가
될 수 있었다.

바야르의 일화는 사진이 야누스의 얼굴을 가졌음을 보여준다.
하나의 얼굴은 1839년 프랑스 학술원에서 다게르의 발명을 공표하
는 아라고의 연설 속에 나타난다. 여기서 그는 이 발명품의 과학적
용도를 강조한다. 즉 사진은 천문학, 물리학, 측광 photometry의 유용
한 수단이며, 앞으로 자연탐구의 다른 영역에서도 이전에는 보지
못하던 세계를 보여주리라는 것이다.[32] 여기서 사진은 진리를 말하
는 과학의 수단이다. 하지만 이듬해에 사진은 바야르의 〈익사한 남
자의 자화상〉(1840)을 통해 또 다른 얼굴을 드러낸다. 바야르의 사
진은 사실상 작가가 사회를 향해 발언하는 표현매체로 기능한다.

여기서 사진은 예술의 한 장르다.

　이처럼 사진은 예술과 기록 모두를 생산할 수 있다. 하지만 19세기 사람들은 굳이 이 두 방향 중 어느 쪽이 매체의 진정한 기능인지를 놓고 치열한 논쟁을 벌였다.[33] 이 논쟁에서 사진의 기록적 기능에 만족할 수 없었던 일군의 작가들은 1860년대 말 '픽토리얼리즘' pictorialism이라는, 회화를 닮은 사진의 유형을 만들어낸다. 브리태니커 사전은 픽토리얼리즘을 "현실의 기록보다는 제재, 명암, 구성의 아름다움을 강조하는 사진에 대한 접근방법"으로 규정한다. 그것은 "카메라를 마치 붓이나 끌 같은 예술적 진술을 만드는 데 사용될 수 있는 도구처럼 다루며", 그렇게 제작된 사진은 "미적 가치를 갖고 예술의 세계와 비슷해질 수 있다."[34]

픽토리얼리즘

픽토리얼리즘의 전형적 인상은 안개가 낀 것처럼 뿌연 분위기다. 이 때문에 픽토리얼리즘 사진은 종종 '인상주의 사진'이라 불린다. 이미 1853년에 영국의 미니어처 화가 윌리엄 존 뉴턴William John Newton(1785~1869)은 렌즈의 초점을 살짝 흐리는 것만으로 그림과 같은 효과를 낼 수 있다고 말했다. 이처럼 초점을 흐리거나 노출을 늘리면 사진의 고유한 특성인 윤곽의 날카로움이 사라져 사진에 마치 붓으로 터치한 듯한 효과가 발생한다. 회화적 효과를 극대화하기 위해 아예 감광물질을 바른 울퉁불퉁한 화면에 직접 인화함으로써 캔버스 효과를 흉내 내는 경우도 있었다.

　픽토리얼리즘 작가들은 세트를 갖춘 스튜디오 안에서 모델의

게트루드 케제비어, 〈수유〉, 1899년

에드워드 스테이첸, 〈달빛 연못〉, 1906년

연출된 포즈를 촬영하곤 했다. 제재 선택, 인물 포즈, 화면 구도 등 모든 면에서 픽토리얼리즘 사진은 철저히 고전 회화의 미적 규약에 따라 제작되었다. 성격상 그것은 '사실'의 기록이 아니라 '환상'의 그림이었다. 화가들이 화면 위의 모든 요소를 미적 구성의 원리에 따라 배치했듯 픽토리얼리즘 작가들은 구성에 어긋나는 요소는 지우기도 하고 허전한 부분은 다른 필름에서 오려낸 이미지로 채우기도 했다. 이는 화가들이 늘 캔버스 위에서 붓을 들고 해왔던 작업이다. 사진사들은 그 일을 네거티브 위에서 했을 뿐이다.

　픽토리얼리즘 사진은 언뜻 회화를 복제한 석판화처럼 보인다. 사진과 회화의 이 친화성은 두 가지 근원을 갖는다. 쿠르베, 마네, 드가 등 사실주의와 인상주의 화가들은 이미 오래전부터 사진을 드로잉에 활용했었다. 이들을 통해 카메라의 시각은 회화 속에 침투해 들어와 있었다. 한편 오스카 G. 레일랜더Oscar Gustave Rejlander(1813 ~1875), 게트루드 케제비어Gertrude Käsebier(1852~1934), 에드워드 스테이첸Edward Steichen(1879~1973) 등 상당수의 픽토리얼리스트가 전직 화가이거나 회화와 사진 작업을 병행하는 이들이었다. 이들은 당연히 사진 역시 자신들에게 익숙한 이미지의 관습, 즉 회화의 미학에 따라야 한다고 믿었다.

다큐멘터리 포토

당시만 해도 사진술은 광학·화학·미학을 아우르는 식견을 가진 소수 전문가의 영역이었다. 픽토리얼리스트들은 사진을 고도의 미적 감각과 전문적 지식을 요하는 '예술'로 끌어올리려 했다. 하지만

도로시아 랭, 〈이민자 어머니〉, 1936년

워커 에반스, 〈플로이드 버로와 그의 아이들, 앨러배마〉, 1936년

1888년 휴대용 카메라 코닥이 등장하면서 상황은 달라진다. "버튼만 누르세요. 나머지는 우리가 합니다." 이렇게 전문적 지식 없이도 누구나 사진을 찍을 수 있게 되자 시중에는 예술적 훈련을 받지 않은 대중이 찍은 이른바 '나쁜' 사진들이 흘러넘치기 시작한다. 이로써 사진은 '소수 엘리트들이 제작한 작품'이라는 관념을 유지할 수 없게 된다.

휴대용 카메라로 찍은 것은 예술일 수 없다. 연출되지 않은 상황을 찍으려면 촬영은 '스냅숏'snap shot이 되어야 하고, 갑작스레 찍는 바람에 구성이 어긋난 '배드 크롭'bad crop에서 예술성을 기대할수는 없다. 다른 한편, 기자들이 휴대용 카메라로 찍은 생생한 현장사진은 신문이나 잡지 등 인쇄매체를 통해 대량으로 복제, 배포된다. 이로써 사진의 성격이 본질적으로 변화한다. 분명한 것은 사진이 무엇보다 현실의 '기록'이 되었다는 사실이었다. 이를 배경으로 1930년대에 이르면 워커 에반스Walker Evans(1903~1975), 도로시아 랭Dorothea Lange(1895~1965) 등 다큐멘터리 사진의 걸작들이 쏟아져 나오기 시작한다.

사진기술의 변화는 사진미학의 변화로 이어진다. 20세기 초반부터 이미 작가들은 회화적 사진과 거리를 두기 시작한다. 픽토리얼리스트였던 앨프레드 스티글리츠Alfred Stieglitz(1864~1946)는 1920년대에 쓴 어떤 글에서 이렇게 말한다. "내 의도는 점점 더 내 사진을 되도록 사진처럼 보이게 하는 쪽으로 기울고 있다."[35] 사진이 회화를 모방하는 데서 벗어나 저만의 고유성을 추구하기 시작한 것이다. 이제 사진은 '아름다움'이 아니라 '사실'을 기록하고, '진리'를 추구하는 매체가 된다. 여기서 묘한 역설이 성립한다. 즉 사진은 자신이 '기술'임을 의식해야 비로소 미적일 수 있다는 것이다. 이 자의식을 잃을 경우 사진은 키치로 전락하게 된다.

1930년대에 스트레이트 포토그래피straight photography는 사진술의 주류로 등극한다. 미국에서는 인상주의 회화를 흉내 내는 동해안 픽토리얼리스트The East Coast Pictorialists에 맞서 서해안 사진 운동The West Coast Photographic Movement이 일어난다. 이들은 "기교, 구성 혹은 관념을 배제하고 다른 예술형태를 흉내 내지 않는"36 순수사진을 추구했다. 이 순수화純粹化를 통해 사진 역시 뒤늦게 모더니즘 운동에 합류한다. 주목할 것은 이 시점에 일어난 관계의 역전이다. 즉 과거에 사진이 회화를 모범으로 삼았다면, 이제는 거꾸로 사진이 회화의 모범이 되기 시작한다. 벤야민의 '기술복제' 관련 논문은 이 뒤집힌 상황의 이론적 반영이다.

콤비네이션 프린팅

스웨덴 출신으로 영국에서 활동한 레일랜더는 1855년 최초의 아날로그 합성사진을 만들어낸다. 당시에는 이를 '더블 프린팅'double printing이라 불렀다. 1957년에 제작한 〈인생의 두 갈래 길〉은 무려 서른 장의 네거티브가 사용되었다고 한다. 미리 드로잉한 요소들을 나중에 캔버스 위에서 종합하는 것은 화가들이 늘 해오던 일이었다. '미덕과 악덕의 알레고리'라는 주제 역시 전형적 고전 회화의 레퍼토리에 속한다. 하지만 레일랜더는 더블 프린팅을 "궁극적 예술, 자족적 예술, 자기완결적 예술"로 간주하지는 않았다.37 그저 그 적용성과 조형성 때문에 예술 연구에 도움이 된다고 여겼을 뿐이다.

오스카 G. 레일랜더, 〈인생의 두 갈래 길〉, 1857년

헨리 피치 로빈슨, 〈사라짐〉, 1858년

합성 기법을 완성으로 끌어올린 것은 헨리 피치 로빈슨Henry Peach Robinson(1830~1901)이었다. 그는 '콤비네이션 프린팅' combination printing 기법을 자세히 설명한다. "사진사로 하여금 각각 다른 평면에 있는 대상들을 적절한 초점으로 재현하게 해주고, 거리에 따른 선-원근법과 공기-원근법을 올바로 유지하게 해주며, 사진을 분리된 부분들로 분할하여 따로 완성한 후 그 부분들을 하나의 종이에 인화함으로써 조작자로 하여금 한 번에 모든 주의를 개개 형상이나 하위 그룹에 쏟아 부을 수 있게 해준다. 그리하여 어떤 이유에서든 한 부분이 불완전할 경우 전체 그림을 손상시키지 않은 채로 그 부분을 다른 것으로 대체할 수 있게 된다."[38]

흥미로운 것은 그가 제시하는 사진합성의 원칙이다. "콤비네이션 프린팅으로 제작된 사진은 모든 세부가 깊숙이 연구되어야 한다. 그래서 세밀히 조사해도 자연의 진실에서 멀어진 부분이 발견되지 않아야 한다."[39] 한마디로 각도나 조명, 원근 측면 모두에서 합성의 흔적을 드러내서는 안 된다는 것이다. 레일랜더 역시 "내게 더블 프린팅은 매우 자연스럽게 보인다"라면서 더블 프린팅의 자연스러움을 강조한 바 있다. 더블 프린팅이나 콤비네이션 프린팅은 여러 사진을 오려 붙인 몽타주이면서도 봉합의 흔적을 지우고 짐짓 '유기적 총체성'을 가장한다. 여전히 '아름다운 가상'이라는 고전적 미의 이상을 따르는 셈이다.

몽타주의 미학

로빈슨은 당대의 사진사들에게 합성에 필요한 모든 기법을 가르쳐

주었지만 후대의 비평가들에게는 가혹한 비난의 대상이 된다. '인위적 스튜디오 세팅'은 스트레이트 포토그래피의 시대에 전혀 어울리지 않았고, '주제의 감상적 성격'은 현대인의 산문적 정서에 감정과잉으로 여겨졌으며, '네거티브 조작'은 사진에서 사실과 진리를 기대하던 시대에는 외려 미학적 혹은 윤리적 의심의 대상이 되었다. 특히 전통예술의 전복을 노리던 모더니즘의 시대에 '유기적 총체성', 즉 '아름다운 가상'이라는 고전적인 미의 이상에 집착하는 것은 시대에 뒤떨어진 낡은 취향일 뿐이었다.

20세기 모더니스트들 역시 사진합성을 시도했다. 하지만 그때 그들을 이끌어준 것은 '유기적 전체'가 아니라 '무기적 조립'의 원칙, 즉 몽타주의 미학이었다. 이를테면 존 하트필드John Heartfield(1891~1968)의 포토몽타주photo montage에는 합성된 이미지들 사이 균열의 흔적이 그대로 드러나 있다. 꿰맨 흉터가 그대로 남아 있는 얼굴이 흉하게 보이듯 봉합의 흔적을 가진 이미지는 결코 '아름다울' 수 없다. 거짓임을 밝히는 거짓이 거짓일 수 없듯이 스스로 가상임을 밝히는 가상도 더는 '가상'일 수 없다. 〈기술복제시대의 예술작품〉에서 벤야민이 사진과 영화의 등장으로 마침내 예술이 '아름다운 가상'의 왕국에서 빠져나왔다고 말한 것은 이 때문이다.

벤야민은 브레히트의 말을 인용하여 몽타주의 필연성을 자본주의적 생산관계의 추상성에서 도출한다. 자본주의에서는 인간들 사이의 관계가 추상적으로 변해 그저 외관을 재현하는 것만으로는 그것의 본질이 드러나지 않기에 진정한 현실은 오직 몽타주로만, 즉 가시적 현실을 해체하여 다시 조립하는 방식으로만 드러낼 수 있다는 것이다. 널리 알려진 것처럼 벤야민의 논문 〈기술복제시대

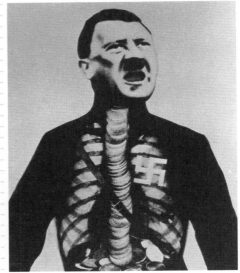

라울 하우스만, 〈ABCD〉, 1920년대   존 하트필드, 〈초인 아돌프〉, 1932년

의 예술작품〉의 핵심 명제는 이 복제(사진)의 미학이 거꾸로 원작 (회화) 창작에 영향을 끼친다는 것이다. 감성적 쾌감을 포기하고 지 적 충격을 주는 몽타주 원리는 이제 모더니즘 예술의 강령이 된다. 아도르노Theodor W. Adorno에 따르면 "현대예술은 어떤 의미에서 모 두 몽타주"다.[40]

하지만 최근 디지털 테크놀로지로 인해 사진의 성격이 다시 바 뀌었다. 기술의 변화는 당연히 미학의 변화를 낳는다. 아날로그의 사진합성은 아무리 정교해도 봉합의 흔적을 남기지만 디지털은 적

어도 이론적으로는 균열의 흔적을 완벽하게 지울 수 있다. 이처럼 어떤 피사체를 그것이 존재하지도 않던 시간과 장소에 완벽하게 옮겨놓을 수 있을 때 사진의 '기록적' 성격은 당연히 약화된다. 약화된 기록성은 다른 것으로 보상되어야 한다. 최근에 대두한 사진의 네오픽토리얼리즘 경향은 약화된 기록성을 강화된 회화성으로 보상하려는 시도라 할 수 있다. 거기서 사진과 회화는 다시—물론 과거의 픽토리얼리즘과는 또 다른 차원에서—하나로 종합된다.

14

사진은 회화처럼

고즈넉한 들판을 걷던 네 사내가 갑자기 불어온 한 줄기 돌풍에 고개를 숙이고, 한 사내의 서류철에서 문서들이 바람에 날려 하늘로 흩어져 오른다. 언뜻 보기에는 앙리 카르티에 브레송Henri Cartier-Bresson(1908~2004)이 말하는 '결정적 순간'decisive moment을 포착한 사진인 것처럼 보인다. 하지만 사실을 말하자면, 이것은 배우들을 데려다 연출해서 찍은 여러 장면을 포토샵을 사용해 하나로 합성한 것이다. 이 이미지의 원작은 일본의 판화가 가쓰시카 호쿠사이葛飾北齋(1760~1849)의 것으로, 작가는 뉴욕의 어느 책방에서 우연히 발견한 이 목판화를 사진적 수단으로 재연하기로 마음먹었다고 한다. 이로써 한갓 '상상의 산물'인 회화가 '현실의 기록'인 사진으로 다시 태어난다.

카메라의 회화

제프 월Jeff Wall(1946~)은 오래전부터 작품에 명작 회화의 구성을 차용해왔다. 예컨대 〈파괴된 방〉(1979)은 외젠 들라크루아Eugène Delacroix(1798~1863)의 〈사르다나팔루스의 죽음〉(1827)을, 〈여성들을 위한 그림〉(1979)은 에두아르 마네Éduardo Manet(1832~1883)의 〈폴리 베르제르의 술집〉(1882)을, 그리고 〈이야기꾼〉(1991)은 역시

제프 월, 〈갑작스러운 돌풍〉, 1993년

가쓰시카 호쿠사이, 〈슨슈의 에지리〉, 1832년

마네의 〈풀밭 위의 식사〉(1863)를 시각적으로 인용한다. 이 때문에 그의 작업은 '복고적'이라는 비판을 받기도 한다. "비록 월의 활동이 매체의 문제를 재고하려는 현재의 필요를 반영하는 증상이라 하더라도, 그것은 1980년 예술계를 풍미했던 전통적 매체의 실지회복식 복고revanchiste restoration에 참여하는 것처럼 보인다."[41]

하지만 월의 작업은 단순한 '복고'가 아니라 탈脫모더니즘 실험일 수도 있다. 월은 자신의 작업을 '픽처링'picturing이라 부른다. '픽처'picture라는 말은 '그림'과 '사진'을 모두 의미한다. 중의성을 이용하여 제 작업의 요체가 회화와 사진을 가로지르는 데 있음을 분명히 한 셈이다. 이 어법은 1970년대 말 매체의 고유성이라는 모더니즘의 교리에서 벗어나 장르의 경계를 넘나드는 새로운 예술의 경향을 특징짓기 위해 도입되었다.[42] 이렇게 사진과 회화의 경계를 넘나드는 것은 1980년대의 다른 작가들에게서도 나타난다. 이를테면 게르하르트 리히터Gerhard Richter(1932~) 역시 제 작업을 '사진회화'photopainting라 부른 바 있다.

제프 월은 보들레르를 인용하여 "현대생활의 화가"를 자처한다. "보들레르의 이상은 르포르타주와 더 오래된 예술의 '높은 철학적 상상'을 혼합하는 것이었다." 이상화한 고대가 아니라 현대의 일상에서 영감을 받으라는 시인의 권고를 따라, 월은 카메라로 현대의 일상을 그린다. 이를테면 〈흉내 내기〉(1982)에서는 한 백인 남자가 여성 파트너와 길을 걷다가 마침 옆을 지나는 아시아 남자를 보고는 째진 눈을 흉내 낸다. 언뜻 순간을 포착한 보도사진처럼 보이지만 실은 배우들을 데려다 연출해서 찍은 것이다. 그렇다고 완전한 허구는 아니다. 그 장면은 작가가 언젠가 실제로 목격한 것이기 때문이다. 기억은 사진으로 찍을 수 없기에 연출을 통해 그려져야 한다.

라이트 박스 타블로

"사진은 회화처럼." 1970년대 말에 네오픽토리얼리즘이 등장한 데
는 배경이 있다. 그즈음 형상이 빈곤한 미니멀리즘과 개념미술이
생명력을 다하고 신新표현주의(독일), 트랜스 아방가르드(이탈리아),
신구상(프랑스), 뉴이미지페인팅(미국) 등 대형 포맷과 강렬한 색채
의 새로운 구상회화가 떠오르고 있었다. 하지만 당시의 예술사진은
여전히 개념미술의 영향 아래 소형 포맷의 흑백사진들을 찍고 있었
다. 게다가 개념미술은 아마추어 사진 모델을 지향했다. 하지만 회
화에서 일어난 변화를 보며 사진 역시 강렬한 색채를 가진 대형 포
맷의 장인적 이미지로 변신하고 싶은 유혹을 느끼게 된다. 새로운
픽토리얼리즘은 결국 개념미술 '이후'의 현상이다.[43]
　　네오픽토리얼리즘의 등장은 기술의 발전 덕분이기도 하다. 때
마침 벽을 덮을 정도의 대형 포맷으로 사진을 출력하는 기술이 개
발되었다. 같은 시기에 사진을 투명한 매체에 인화하는 기술도 등
장했다. 이 두 기술은 당연히 광고에 먼저 사용되었다. 제프 월은
유럽을 여행하다가 거리에서 우연히 라이트 박스 광고탑을 보고,
그것을 아예 사진 전시 플랫폼으로 사용하게 된다. 이는 앤디 워홀
Andy Warhol(1928~1987)이 실크스크린을 이용하듯 비예술적 매체를
전유하는 제스처이지만 그렇다고 해서 그의 사진이 길거리에 전시
되는 것은 아니다. 그것은 마치 19세기 역사화처럼 갤러리에서 '원
작'으로 전시된다.

토마스 스트루스, 〈자카리아 성당〉, 1995년

토마스 데만트, 〈컨트롤 룸〉, 2011년

월 외에 안드레아스 구르스키Amdreas Gursky(1955~), 토마스 스트루스Thomas Struth(1954~), 토마스 데만트Thomas Demand(1964~) 등 일군의 독일 작가가 회화적 사진의 확장에 기여했다. 이들의 작품은 미니멀리즘이나 개념미술처럼 작품 같지 않은 작품에 지친 시장의 컬렉터들에게 큰 환영을 받았다. 연출하고 가공하는 작가의 장인성, 그렇게 완성된 작품의 유일성, 복잡한 이론 없이 바로 이해되는 가독성. 이 수용의 맥락은 분명 보수적이다. 아니, 그 이전에 스트레이트 포토그래피가 과거의 픽토리얼리즘으로 회귀하는 것 자체가 보수적이다. 하지만 보수적인 것이 외려 새로움으로 나타나는 것, 그 점이 포스트모던의 역설이다.

연속성의 몽타주

카메라 셔터가 열렸다 닫히는 짧은 순간에 인간은 완벽하게 무력하다. 적어도 촬영 순간에는 조작이 불가능하다. 하지만 촬영 이전에는 상황을 연출할 수 있고 이후에는 사진을 가공할 수 있다. 상황을 연출하는 것은 아날로그 사진으로도 얼마든지 할 수 있는 일이다. 디지털 기술은 특히 조작의 두 번째 단계, 즉 포스트프로덕션post production에 무한한 가능성을 열어준다. 초기에 월은 사진에 회화적 특질을 부여하기 위해 주로 상황을 연출했다. 하지만 이미지를 디지털로 조작하는 것이 가능해진 1990년대 이후 그의 작업에서 포스트프로덕션의 비중이 점점 더 커진다.

그의 또 다른 대표작 〈죽은 병사들의 대화〉(1992)는 포토저널리즘 사진처럼 보인다. '매복공격을 당한 후의 소련군 정찰병들의

제프 월, 〈죽은 병사들의 대화〉, 1992년

테오도르 제리코, 〈메두사호의 뗏목〉, 1819년

모습. 아프가니스탄 모코르 근처. 1986년.' 표제로 실제 일어난 사건의 기록을 참칭하고 있지만 저 장면은 실은 아무 데도 기록된 적 없는 허구에 불과하다. 굳이 저 사건의 원형을 찾자면, 차라리 19세기의 미술사로, 즉 테오도르 제리코의 〈메두사호의 뗏목〉(1819)으로 돌아가야 한다. 사진합성에는 이 걸작의 구도가 차용되었기 때문이다. 작가는 등장인물들을 한 명씩 스튜디오에서 따로 촬영한 후, 그 형상들을 디지털 기술로 합성하여 야외의 공간에 옮겨놓았다.

허구의 상황을 "영화적"cinematographic으로 재연한 이 작품은 디지털 합성의 극한을 보여준다. 원래 저 사진은 개개의 사진들로 이루어진 '몽타주'다. 하지만 봉합된 개개의 이미지들 사이에 균열은 보이지 않는다. 이는 기계 조립에서 유래한 '몽타주'라는 무기적 개념에는 어울리지 않는다. 월의 몽타주는 외려 모더니스트들이 공격했던 낡은 미적 이상, 즉 '유기적 전체성'의 이념으로 되돌아가는 듯하다. 로잘린드 크라우스는 이를 '패스티시'pastiche라 비판하지만,[44] 이것이 그저 과거의 '복고'를 의미하는 것은 아니다. 윌은 자신의 작업이 수명이 다한 모더니즘의 교리를 대체할 새로운 미학의 모색이라 주장한다.

파편성과 총체성의 변증법

'균열'의 흔적을 감추는 것은 종종 모더니스트 비평가들에게 좋은 공격대상이 된다. 이에 대해 윌은 "콜라주와 몽타주라는 파편의 아방가르드 미학이 거의 무차별적으로 적용되고 있다"라고 반박한다. "비판의 수사학은 회화의 바깥에 어떤 타자를 만들어야 했고, 이런 진리는 전체주의적 성격을 띠게 되었으며, 결국 아도르노가 '동일성'이라 부른 것으로 변질돼버렸다. 나는 그 동일성과 맞서 싸우는 중이다."[45] 한때 해방적 기능을 했던 몽타주의 미학이 새로운 도그마로 변질되었다는 것이다. 여기서 윌은 새로운 미학을 도입한다.

> "나는 통합된 작품이라는 생각을 좋아한다. 왜냐하면 나는 그림을 좋아하고, 항상 그림은 통합을 통해 그림으로 존재한다는 느낌을 갖고 있기 때문이다. 나는 과거의 예술이 아방가르드의 논객들이 그렇게 보이게 만들고 싶어할 만큼 통합적이었다고 보지 않는다. 먼저, 앞선 시기의 훌륭한 작품에는 언제나 우연성에 대한 인정과 대안들에 대한 감각이 존재한다."[46]

이른바 '유기적 총체성' 이념에 따랐다는 과거의 예술에도 파편과 균열의 흔적은 있었다는 것이다. 다른 한편 명시적으로 파편적 미학을 추구하는 아방가르드나 네오아방가르드 작품에도 통합성에 대한 느낌은 존재한다.

> "자신의 우연성을 드러내거나 최소한 지시 혹은 암시하는 작품이라도 자세히 들여다보면 그 안에는 통합성이, 혹은 통합성으로 경험될 수 있는 방식이 존재한다. (……) 훌륭한 작품을 경험할 때에는 심지어 급진적 아방가르드나 네오아방가르드 예술처럼 통합성의 이념 전체를 거부하는 작품을 경험할 때조차 그런 계기, 그런 순간은 늘 존재할 것이다. 작품의 통합성은 그 어떤 작품을 만들거나 체험할 때라도 불가피한 계기라고 본다."[47]

월은 '파편성의 미학과 총체성의 미학을 대립시키기보다는 양자의 "변증법"을 추구한다. 언뜻 보기에 월의 사진은 외관의 재현에 머무는 듯하다. 하지만 몽타주가 진리를 말하기 위해 굳이 불연속적이어야 하는가? 그의 연속적 몽타주는 허위를 진리로, 허구를 현실로 속이기 위한 것이 아니다. 그의 작품이 연출된 상황임을 모르는 관객은 없다. 오히려 그것이 연출임을 아는 것이 감상의 전제조건이 된다. 연속적 몽타주 역시 나름의 방식으로 진실을 드러낼 수 있다. 영화적으로 연출된 상황이 때로는 '상황'을 발견할 수 있게 해준다. 월은 특유의 아이러니로 우리로 하여금 그렇지 않았으면 그냥 지나쳤을 일상의 상황을 다시 보게 해준다.

15

물신적 숭고

거대한 포맷, 예리한 윤곽, 강렬한 색채. 구르스키의 사진은 우리를 당혹시킨다. 현실보다 더 강력한 현실을 제시하기 때문이다. 그의 작품은 너무나 사실적이면서 동시에 너무나 허구적이다. 세부는 현실의 정밀한 사진적 기록이지만 전체는 정교한 회화적 구성이다. 작가 자신의 말도 엇갈린다. "이것은 진짜 세계다. 내 모든 사진에서 이 점이 내게 중요하다." 하지만 그는 다른 곳에서는 또 이렇게 말한다. "결국 우리는 그림에 대해 얘기하고 있다. 그게 뭘 보여주는지는 중요하지 않다. 요점은 그것이 그림으로 기능한다는 점이다."[48] 구르스키의 말은 모순되는 게 아니다. 사진은 태어날 때부터 '예술'과 '기록'의 이중성을 갖고 있기 때문이다.

현실보다 더 현실적인

바르트에게 사진이란 "코드 없는 메시지", 즉 모든 해석에 앞서 존재했던 어떤 것의 흔적이다. 당혹스러운 것은 바르트의 이론이 하필 사진에서 지표성이 사라질 즈음 등장했다는 것이다. 디지털 사진은 '그때 거기에 있었던 것'의 흔적이 아니다. 그것은 거기에 없었던 것을 슬쩍 가져다놓거나 아예 존재하지 않는 사물을 존재하는 양 제시할 수가 있다. 이로써 사진은 '기록'으로서의 성격을 잃는

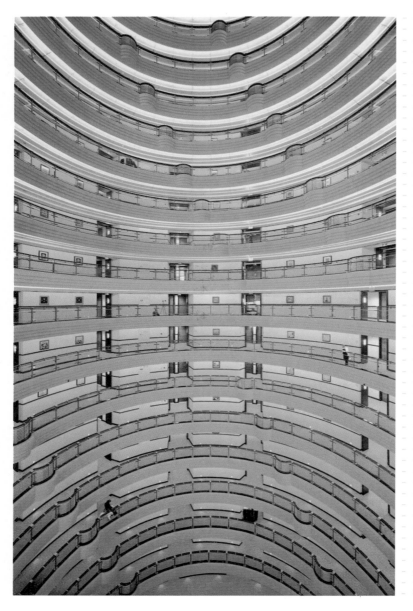

안드레아스 구르스키,
〈상하이〉, 2000년

다. 게다가 '포스트모던'의 정신적 분위기는 모던의 해방서사를 붕괴시켰다. 사진에 메시지를 담는 것 자체가 철지난 유행으로 여겨지는 시대에 사진은 회화로 돌아갈 수밖에 없다.

구르스키는 사진에 디지털 조작을 가한다는 사실을 감추지 않는다. 그가 좋아하는 시점은 건물 전체의 정중앙에 해당하는 지점. 여기선 건물 전체가 왜곡 없이 화면 안에 들어온다. 그 위치에서 건물을 육안으로 볼 경우 중심은 선명하지만 주변은 흐릿해 보일 터이나, 그의 사진에서는 모든 지점이 선명하다. 중심 초점 없이 모든 것에 초점이 맞추어지기 때문이다. 그의 사진에서는 세부는 물론 색채까지 육안으로 보는 것 이상으로 선명하다. 그 결과 가장 사실적인 사진이 역설적으로 매우 허구적으로 느껴진다. 물론 이 모두가 디지털 이미지 프로세싱을 이용한 포스트 프로덕션 덕분이다.

사실 이는 일찍이 르네상스 화가들이 그림을 그린 방식이기도 하다. 모델을 멀리 떼놓고 그 상태에서 눈에 들어오는 시각적 인상을 그린 바로크 화가들과 달리, 르네상스의 장인들은 모델에 다가가 세밀히 관찰하여 옷의 세세한 무늬까지 정교하게 그려 넣었다. 바로크의 회화는 주관적 인상이라 가까이서 보면 윤곽이 흐릿한데 르네상스 회화는 객관적 재현이라 디테일이 선명하다. 르네상스 화가들은 모델에 수없이 다가가 관찰한 것들을 합쳐 화폭 위에서 일종의 '시각적 종합'을 창조했다. 구르스키는 디지털 기술로 그와 똑같은 일을 한다. 그의 렌더링rendering은 르네상스 거장들의 그것 못지않게 장인적이다.

그의 사진에서 윤곽은 육안으로 보는 것 이상으로 선명하며 색채는 육안으로 보는 것 이상으로 강렬하다. 이로써 우리가 매일 눈으로 보는 현실보다 더 강력한 새로운 현실이, 말하자면 강화된 현실이 나타난다. 구르스키는 이를 현실의 '농축'Verdichtung이라 부른다. 농축된 현실은 어딘지 낯설어 보인다. 하지만 "내가 하는 것은 디지털 초현실주의가 아니다. 나는 컴퓨터의 도움으로 여러 장의 촬영, 여러 개의 순간을 하나의 작품으로 종합한다. 이는 영화의 방식이지만, 그렇다고 덜 진실한 게 아니다. 그것은 차라리 현실의 농축이라 해야 한다. (……) 중요한 것은 사진이 진실하냐wahr가 아니라 적절하냐stimmig다."[49]

컴퓨터의 눈

사진에서 초점을 맞춘 부분은 선명하고 주변은 흐려지기 마련이다. 모든 디테일이 선명하려면 피사체의 각 부분과 렌즈의 거리에 따라—가상적으로든 실제적으로든—초점을 매번 바꿔 찍은 후 합성을 하는 수밖에 없다. 이런 방식은 세잔의 화법을 닮았다. 세잔은 정물을 그릴 때 매번 시점을 바꾸어 그렸다. 이를 하나의 화면 안에 종합할 때 초점들 사이에 생기는 균열을 세잔은 이를테면 테이블보 같은 것을 이용해 슬쩍 감추었다. 반면 큐비즘cubism은 시점들 사이의 균열을 굳이 감추지 않는다. 이를테면 피카소의 화면에서 다양한 시점들은 균열과 봉합의 흔적을 적나라하게 드러낸다. 이 파편성의 미학이 바로 모더니즘의 정신이다.

구르스키의 사진 역시 어떤 의미에서는 '몽타주'라 할 수 있다. 하나의 중앙 초점이 아닌 다수의 초점들로 이루어지기 때문이다.

〈라인 강〉(1999)의 경우에는 아예 각각 다른 곳에서 찍은 여러 사진을 하나의 화면으로 종합했다. 구르스키는 디지털 화상 처리를 이렇게 정당화한다.

"라인 강의 경관은 현장에서는 얻을 수 없다. 현대적 강의 정확한 이미지를 얻으려면 허구적 구성이 필요하다. 세계적으로 유명한 회사 70곳을 방문했을 때 똑같은 일이 벌어졌다. 대부분의 회사는 뜻밖에도 사교적·낭만적 분위기를 갖고 있었다. (……) 이 회사들을 체계적으로 기록했다면, 아마 산업혁명기로 되돌아간 느낌을 받았을 것이다. 이 체험 이후 나는 사진이 더는 믿을 만하지 않음을 깨달았다. 그래서 디지털 화상 처리를 정당화하는 게 훨씬 더 쉽다고 생각하게 되었다."[50]

공교롭게도 이는 벤야민이 몽타주의 필연성을 요청하며 인용했던 브레히트의 논리와 일치한다.

"(상황이) 너무 복잡해졌기 때문에 현실의 단순한 재현은 그 어느 때보다 현실에 대해 무엇인가를 설명해줄 수 없게 되었다. 중공업 그룹의 중기계 공장이나 A.E.G. 전기회사를 사진으로 찍어봤자 이들 조직체에 대해서는 거의 아무것도 말해주지 않는다. 이를테면 공장 같은 인간관계의 물화 현상은 인간관계를 더는 밖으로 끄집어내지 못하게 만든다. 그러니까 무엇인가 인위적이고 인공적인 것을 조립하지 않으면 안 된다."[51]

안드레아스 구르스키, 〈라인 강 II〉, 1999년

구르스키 역시 같은 목적으로 몽타주를 사용한다. 하지만 그의 사진은 불연속을 드러내지 않는다. 각 초점은 하나의 화면 안에서 봉합선 없이 이어진다. 세잔의 경우 불연속을 감추려 해도 시점들 사이의 균열은 어쩔 수 없이 눈에 들어온다. 반면 디지털 테크놀로지는 구르스키로 하여금 균열을 완벽히 봉합할 수 있게 해주었다. 모더니즘은 매체성으로 돌아갈 것을 요구한다. 하트필드는 이에 충실하게 몽타주의 매체성, 즉 그것의 불연속을 그대로 드러냈다. 반면 구르스키는 불연속을 연속으로 가장한다.

이것이 종종 비난의 표적이 되지만 이 모더니스트 비평은 과녁을 빗나간 것이다. 불연속은 카메라의 특성이지 컴퓨터의 특성은 아니기 때문이다. 매체성을 드러내는 게 모더니즘의 원리라면, 디지털의 매체성을 제대로 활용하는 구르스키야말로 외려 모더니즘 강령에 충실한 셈이다. 회화의 미학을 사진에 적용할 수 없듯 사진의 미학을 디지털 이미지에 적용할 수는 없는 것이다. 디지털 이미지는 그 성격이 화학적 사진보다는 컴퓨터그래픽에 가깝다. 세잔의 정물에서 '화가의 눈'을 보고, 하트필드의 몽타주에서 '카메라의 눈'을 본다면, 우리가 구르스키의 사진에서 보는 것은 '컴퓨터의 눈'이다.

냉담한 아름다움

구르스키는 베허 부부Bernd Becher & Hilla Becher(1931~2007 & 1934~)에게 사사했다. 그가 모듈처럼 획일적으로 반복되는 모티브들을 다루는 것은 이들 부부의 유형학적 사진과 관련이 있을 것이다. 하지만 구르스키는 그 모티브들을 시리즈가 아니라 한 화면에 담아낸다. 거기서 개개의 피사체들은 전체적인 회화적 구성 속의 조형요소로 환원된다. 그 결과 그의 사진은 어딘지 추상회화처럼 보이기도 한다. "예, 내 사진들은 정말로 점점 더 형식적·추상적으로 변해가고 있습니다. 내 사진에서는 시각적 구조가 현실의 사건들을 지배하는 듯 보입니다. 나는 현실의 상황을 사진에 대한 나의 예술적 관념에 종속시킵니다."[52]

이렇게 현실을 예술에 종속시키는 경향은 당연히 비판의 표적이 된다. 알렉스 알베로는 구르스키의 사진이 현실에서 유리된 채 과도하게 아름답다며, 그것을 "노동현장에 대한 고도로 피상적인, 유미화한 접근"[53]이라고 비판한다. 이는 알베르트 렝거 파치Albert Renger-Patzsch의 사진집(《세계는 아름답다》, 1928)에 대한 벤야민의 비판을 그대로 원용한 것으로 보인다. 벤야민은 신즉물주의Neue Sachlichkeit적 사진이 "비참한 생활까지 완벽할 정도로 유행방식으로 파악함으로써 이를 즐거움의 대상으로 만드는 데 성공"[54]했다고 지적한 바 있다. 할 포스터Hal Foster(1955~) 역시 "벤야민의 유명한 비판을 반복"하여 구르스키의 사진이 과도하게 현실을 유미화하는 것은 아닌지 의심한다.

"회화와 사진의 과거 방식으로는 더이상 세계를 이미지로 만들 수 없을지도 모른다. 이는 오로지 구르스키와 다른 작가들이 추진하고 있는 '컴퓨터의 시각'을 통해서만 가능할 수도 있다. 바로 이런 시각이야말로 모든 인간의 시점과 물리적 장소의 한계를 극복할 수 있기 때문이다. 그러나 동시에 그런 시각은 완전히

베허 부부, 〈가스 타워〉, 1981년

알베르트 렝거-파치, 〈제화다리미〉, 1928년

알베르트 렝거-파치, 〈헤렌비크 제철소〉, 1928년

물신숭배적인 방식을 통해 이 세계를 자연스러운 것으로, 심지어 아름답거나 숭고한 것으로 만들 수도 있는 것이다."[55]

렝거 파치(1897~1966)의 사진에서는 산업화한 인공의 세계가 거의 자연풍경과 같은 아름다움을 가지고 나타난다. 구르스키에게서도 비슷한 경향을 볼 수 있다. 그의 작품에서는 "서로 연결된 수많은 미시구조와 거시구조들이 전체적 조직원리의 지배를 받으며 서로 복잡하게 얽혀 있다." 사물세계의 이 "집합적 상태"aggregate state를 구르스키는 자연의 풍경처럼 다룬다. 여기서 인간사는 거의 자연사가 된다. 그 인공자연의 풍경에는 베허 부부가 찍은 공장 풍경에서 볼 수 있는 어떤 냉정함이 있다. 그런 의미에서 구르스키는 신즉물주의로부터 이어지는 독일 사진의 전통 위에 서 있는 셈이다.

이 냉정한 아름다움을 보는 데는 어떤 "불편함"이 따른다. 어떤 이는 이를 '언캐니' 감정과 연결시킨다. "언캐니가 죽은 것과 산 것의 혼동을 일으키며 고전적으로 공포의 감정을 불러일으킨다면, 구르스키의 사진에서는 냉담한 매혹이 느껴진다. 그의 것은 너무 얼어붙어 적극적으로 방해하지 못하는, 내장이 제거된 언캐니다."[56] 구르스키의 사진에 '언캐니'가 있다면, 그것은 고전적 언캐니처럼 산 것과 죽은 것의 혼동에서 오는 게 아니다. 그것은 아마도 현실을 능가하는 이미지의 시각적 과잉, 즉 세계의 과도한 유미화와 디지털의 과도한 선명함이 야기하는 인지 교란에서 비롯된 것이리라.

현대의 물신적 숭고

언캐니는 숭고와 두려움의 감정을 공유한다. 몇몇 비평가는 구르스키의 사진에 담긴 숭고함을 지적한다. 어떤 이는 매스 투어리즘mass tourism을 다룬 그의 사진에서 인간이 자연의 병충해로 전락하는 "비극적 숭고"[57]를 본다. 어떤 이는 그의 사진이 현대생활의 일상적 장면을 통해 전통적으로 자연풍경에서나 느끼던 경외의 감정을 불러일으킨다며, 그 효과를 "무서운 독성이 있는 숭고"[58]라 부른다. 어떤 이는 그의 사진에 자주 등장하는 무한한 평행선들을 지적하며 거기서 카스파 다비드 프리드리히로 거슬러 올라가는 "낭만주의적 숭고"[59]를 본다. 구르스키 자신도 종종 독일 낭만주의 화가들의 이름을 언급한다.

"신 대신에 우리는 테크놀로지, 정부, 사업, 커뮤니케이션의 제멋대로 뻗어나가는 네트워크를 갖고 있다. 이 세계화의 힘들이 우리의 종교가 되었다." 앨릭스 올린은 "구르스키 작품의 주제를 이루는 세계화의 아찔한 역동성이 현대적 숭고의 장소"라고 말한다. 구르스키의 사진 속 인간은 일만 하는 개미들로 보인다. 개미들처럼 그들 역시 열심히 일을 하지만 그 일들이 모여 만들어내는 거대한 세계화의 의미는 이해하지 못한다. 세계화의 요인은 "대다수 사람들의 이해력 너머에 있다는 점에서 신성과 비슷하다." 그녀에게 구르스키의 사진은 "포스트모던 세계를 제시하는 포스트모던의 도구"다.[60]

장 프랑수아 리오타르J. F. Lyotard(1924~1998)는 숭고를 묘사하는 두 가지 방식을 얘기한다. 하나는 숭고의 '간접적 묘사'다. 이를테면 낭만주의 회화에서 인간은 자연의 압도적 규모와 위력을 드러내기 위해 아주 고독하고 미약한 존재로 묘사된다. 다른 하나는 '부정적 묘사'로, 이는 모더니즘 예술이 숭고를 표현하는 방식이다. 리오타르에 따르면 현대예술의 추상은 묘사할 수 없는 것의 존재를 암시하기 위해 묘사 자체를 포기한 데서 온 현상이다.[61] 구르스키의 사진은 이 두 요소를 교묘히 종합하여, 개념적으로는 '비가시적인 것의 가시화'라는 모더니즘의 미학을 추구하면서, 시각적으로는 낭만주의적 숭고의 풍경을 차용한다. 이것이 포스트모던의 숭고다.

에드먼드 버크Edmund Burke(1729~1797)는 '막대함'과 '무한함'을 숭고의 특성으로 들었다. 버크의 시대와 달리 오늘날에 숭고한 것은 자연이 아니라 자본이다. 구르스키의 사진은 기술적 세계의 획일적 요소들이 반복되며 사방으로 무한히 뻗어나가는 막대함을 보여준다. 그 앞에서 우리가 느끼는 것은 세계화의 단계로 접어든 현대자본주의의 물신적 '숭고함'이다. 하지만 그의 사진의 냉담한 데드팬dead pan 분위기에서 체제 비판의 날카로움은 느껴지지 않는다. 그 모든 위기에도 불구하고 날로 상승하는 자본주의에는 모종의 숭고함이 있다. 벤야민이 말한 신新천사가 바람에 밀려 날아가며 목도한다는 그 거대한 파국의 숭고함이랄까?[62]

안드레아스 구르스키, 〈시카고 상품거래소〉, 1999년

16

사진 이후의 사진

'과연 디지털 기술은 사진술과 본질적으로 다른가?' 아날로그와 디지털 사진의 차이는 어쩌면 회화와 사진의 차이만큼 크지는 않을지도 모른다. 회화와 달리 사진은 기술적 코드로 그리는 '기술적 형상'이기 때문이다. 플루서도 사진, 텔레비전 영상, 디지털 가상을 모두 '기술적 형상'으로 간주한다. 데리다 역시 둘 사이의 본질적 차이를 부정한다. 아날로그 사진사들이 했던 조작은 "디지털 화상처리와 같은 성격"[63]이라는 것이다. 그리하여 "이미지가 기계적으로 생산되는지 디지털로 생산되는지는 중요하지 않다"[64]라거나, "렌즈로 들어오는 빛을 디지털화하는 것이 전통적 사진의 화학적 과정보다 덜 인공적이거나 더 인공적인 것은 아니다"[65]라는 주장도 나온다.

디지털의 물리적 특성

반면 윌리엄 J. 미첼William J. Mitchell(1954~)은 디지털 이미지가 "사진이 회화와 다른 만큼 전통적 사진과는 근본적으로 다르며", 그 차이가 "우리의 시각문화에 광범한 영향을 끼칠 것"이라고 단언한다. 그 차이를 그는 "근본적인 물리적 특성"에서 찾는다. 이를테면 디지털 사진은 복제과정에서 정보손실이 일어나지 않아 복제와 원본이 오직 날짜에 의해서만 구별된다. 또 무한한 정보량을 가진 아날로그 사진은 아무리 확대해도 흐린 상태로나마 여전히 피사체를 보여주나 정보량이 정해진 디지털 사진은 언젠가 픽셀의 벽에 부딪힌다. 나아가 아날로그 사진이 피사체를 지시한다면 디지털 사진은 완벽한 조작이 가능해 피사체와의 관계가 불확실하다.[66]

레프 마노비치는 미첼의 논리로는 아날로그와 디지털 사진을 구별할 수 없다고 비판한다. 먼저 디지털 이미지의 경우에도 전송을 위해 압축하는 과정에서 광범위하게 정보손실이 일어난다. 둘째, 비록 한정된 수의 픽셀로 이루어진다 해도 디지털 이미지의 해상도는 그사이에 이미 전통적 사진의 그것을 훨씬 능가하는 수준에 도달했다. 셋째, 미첼은 리얼리즘 사진을 사진술의 본질로 여기지만 이는 로빈슨이나 레일랜더의 콤비네이션 사진이나 구축주의의 몽타주 같은 사진의 또 다른 전통을 무시하는 것이다. 그러므로 미첼이 말하는 의미에서라면 "디지털 사진은 존재하지 않는다."

물론 마노비치가 디지털 이미지의 고유성을 부정하는 것은 아니다. 외려 그는 "디지털 사진의 또 다른 의미"를 부각하며 아날로그와 디지털 이미지의 차이를 더 급진적으로 드러낸다. 카메라로 현실을 담아 이미지를 숫자화하는 대신에 "컴퓨터로 3차원 현실을 구성하고 컴퓨터에 내장된 가상 카메라를 써서 이를 사진으로 찍어낼 수도 있다." 한마디로 디지털 이미지의 본질은 3D 컴퓨터그래픽에 있다는 것이다. 그런데 이 그래픽이 외려 전통적 사진보다 더 사실적일 수 있다. 그리하여 그는 디지털 이미지의 논리를, "시각적 재현의 옛 방식을 과격하게 부수면서 동시에 그 방식을 강화하는

하나의 역설"로 제시한다.[67]

하지만 디지털 이미지가 과연 "재현의 옛 방식"을 "강화"하는가? 마노비치가 지적하는 것은 사실 재매개의 일반적 현상에 불과하다. 즉 초창기 사진이 회화를 모방했듯 컴퓨터그래픽도 초기에는 사진을 모방한다. 그가 컴퓨터그래픽의 목표를 "포토리얼리즘" 달성에서 찾는 것은 당시 그래픽의 기술적 조건이 아직 아날로그 사진을 모방하는 수준이었던 것과 관련될 터이다. 하지만 그가 지적하는 디지털 이미지의 "마지막 역설"은 그것의 발전이 이미 다른 수준까지 도달했음을 시사한다. "디지털 이미지는 전통적 사진의 시각적 사실주의보다 열등하지 않다. 완벽하게 사실적이다. 오히려 너무 사실적이다."

디지털 이미지의 과도한 선명함은 마노비치 자신이 말하듯 "인간의 시선보다 더 완벽한 어떤 다른 시각", 즉 "컴퓨터의 시각"에서 나온다. 컴퓨터의 눈으로 세계를 재현하는 것은 그저 재현의 옛 방식을 강화하는 데 그치지 않는다. 예를 들어 구르스키의 사진에서 우리가 보는 '현실보다 더 강력한 현실'이 그저 아날로그 사진의 재현방식을 강화한 것에 불과할까? 리얼리즘을 지향하든 포토리얼리즘을 지향하든 디지털 이미지가 보여주는 현실은 언제나 '낯설게' 나타난다. 그것은 디지털 이미지가 전통적 사진을 모방하는 데서 벗어나 이미 고유의 미학을 추구하는 단계로 접어들었음을 의미한다.

사진 이후의 사진

부정할 수 없는 것은 전통적 사진과 디지털 사진은 '존재론'ontology 이 다르다는 사실이다. 즉 디지털 사진에서는 전통적 사진의 본질을 이루던 그것, 즉 지표성이 사라진다. 마노비치 자신도 "전통적 사진이 언제나 과거의 사건을 가리킨다면, 합성사진은 미래에 일어날 사건을 가리킨다"라고 말한다. 전통적 사진에서 우리가 '피사체'를 본다면 디지털 사진에서 우리는 '투사체'를 본다. 이를 근거로 미첼은 우리가 이미 "사진 이후의 시대"post-photographic age에 들어섰다고 진단한다. 폴 비릴리오Paul Virilio(1932~) 역시 같은 이유에서 사진의 종언을 선언한다.

> "사진은 제 역사의 종말에 도달했다. 왜냐하면 디지털화와 더불어 시작되는 모든 것은 사진과 아무 관계가 없기 때문이다. 비디오나 사진이나 그림을 보면서 그 누구도 그게 무엇인지 말할 수 없으리라. 왜? 모든 것이 변경 가능하고 아무것도 지속적이지 않기 때문이다."[68]

정말로 사진은 종언을 고했을까? 물론 그럴 리 없다. 뉴미디어가 올드미디어를 배척하는 것은 아니다. 대개의 경우 두 미디어는 상대의 전략을 차용하며 복잡한 상호작용 속으로 들어가기 마련이다. 마노비치의 말대로 디지털 사진은 "우리에게 익숙한 전통적 사진을 표상한다." 작가들 역시 자신들의 이미지가 수용자에게 전통적 사진처럼 지각되기를 바란다. 실제로 디지털 사진이 대중에게 수용되는 방식 역시 전통적 사진과 크게 다르지 않다. 대중은 디지털 사진에서—설사 그것이 키스 코팅엄Keith Cotingham(1965~)의 초상처럼 허구의 사진이더라도—여전히 피사체를 가정한다.

하지만 대중은 디지털 사진이 조작이나 합성일 수 있음을 잘 안다. 디지털 사진을 볼 때 그들은 한편으로 피사체의 존재를 가정하면서도 다른 한편으로 그것의 실재성에 반쯤 의심을 품는다. 흥미로운 것은 아날로그 사진 역시 이 디지털 사진의 수용방식에 영향을 받는다는 것이다. 그것은 과거에 사진이라는 복제기술로 인해 원작 회화의 진품성이 타격을 입었던 것과 마찬가지다. 벤야민의 말을 기억해보자.

> 이 경우 손상을 입는 것은 예술작품의 진품성이다. (……) 사물의 역사적 증언가치는 사물의 물질적 지속성에 바탕을 두고 있기 때문에, 복제의 경우 후자가 사라지면 전자, 즉 사물의 역사적 증언가치 또한 위험한 상황에 놓이게 된다. 물론 이렇게 해서 위험한 상황에 놓이는 것은 사물의 권위다.[69]

여기서 '사물'이라는 말을 '사진'으로 바꾸면 현재 전통적 사진이 처한 상황을 읽을 수 있게 된다. 합성으로 인해 사진의 "역사적 증언가치"는 흔들린다. 이로써 위험에 처한 것은 '사진의 권위'다. 합성사진을 체험한 대중은 그 여파로 복제사진의 진정성마저 불신한다. 이는 사진의 존속을 위협한다. 이 위기를 어떻게 극복할 것인가? 과거에 회화는 경쟁자의 전략을 전유하는 것으로 위기를 극복했다. 바로 그 과정에서 모더니즘 회화가 탄생했다. 사진도 다르지 않다. 최근의 아날로그 사진은 위기를 극복하기 위해 적극적으로 디지털 사진의 미적 전략을 차용한다.

전유의 전략

이 미적 전유에는 크게 네 가지 유형이 있다고 한다. 하나는 피사체를 조작하는 것이다. 올리버 보베르크Oliber Boberg(1965~)의 〈장소들〉(1997) 연작은 건물, 고속도로, 주차장 등 우리가 일상에서 흔히 접하는 장면을 보여준다. 하지만 실은 실물이 아니라 모형을 찍은 것이다. 그는 길거리에서 직접 찍은 스냅사진 그리고 자신의 기억을 토대로 촬영할 현장의 피사체를 미니어처로 제작한다. 전직 화가의 손을 거친 것이기에 모형들은 디테일까지 선명하다. 거기에 특정한 조명을 결합하면, 모형은 실재로 착각된다. 하지만 현실에 존재하지 않는 것이기에 그 익숙한 대상들이 어떤 추상적 공간에 존재하는 듯 낯설게 느껴진다.

  보베르크가 허구를 실재화한다면, 미클로스 갈Miklos Gaál(1974~)은 거꾸로 실재를 허구화한다. 이 효과를 얻기 위해 그는 아날로그 대형 카메라에 기계적 조작을 가한다. 경통鏡筒의 각도를 기울이면 사진의 일부는 선명하되 그 주위는 초점이 나가 흐릿해진다. 이 틸트시프트tilt-shift 렌즈의 효과는 현실을 플레이모빌이나 미니어처 모형처럼 보이게 만든다. 일종의 '낯설게 하기'인 셈이다. "친숙한 장면이 새롭고, 놀랍기까지 한 방식을 제시할 수 있다. 놀라움은 그전에 보지 못하던 것을 드러내주며, 내 주위와 내 안의 관념을 변화시킨다. 갑자기 당신은 무언가를 강렬하게 느끼고 이해한다는 느낌을 받게 된다."[70]

　스테파니 슈나이더Stefanie Schneider (1968~)는 유통기한이 지난 폴라로이드 필름으로 미국 서부의 풍경을 촬영한다. 그렇게 촬영된 사진은 확대·인화 과정에서 이미 변질이 시작된 필름의 결점을 그대로 드러낸다. 컬러 필름은 화학적 변화를 통해 시간의 흐름을 증언하기 마련이다. 재료의 결함으로 인해 자연의 풍광이 변색된 색조로 나타날 때 사진은 마치 1970년대 할리우드 로드무비에서 잘라낸 스틸컷 같은 느낌을 주게 된다. 꿈과 같고 신기루 같은 그 풍광은 물론 우리가 한 번도 본 적이 없는 것이다. 그러면서도 어디선가—아마도 오래전에 관람한 어느 영화에선가—이미 본 듯한 '데자뷔' 느낌을 준다.

　월터 니더마이어Walter Niedermayr (1952~)는 이와는 다른 방식으로 지시체로부터 멀어지려 한다. 그는 암실에서 인화를 할 때 빛의 강도를 줄이는 방식으로 사진 전체를 과도하게 밝게 만든다. 그 결과 깊이감을 주던 벽들 사이의 각과 그늘이 거의 사라져 공간 전체가 하얀 모노크롬monochrome 평면에 가까워진다. 그것과 색깔을 가진 대상이 시각적 대조를 이룰 때 사물은 왠지 배경에서 소외된 느낌을 준다. 이는 인물과 풍경의 관계에서도 마찬가지다. 비현실적으로 보이는 하얀 설산을 배경으로 산책하는 관광객들은 마치 자신들이 속하지 못하는 낯선 풍경 속에서 방향을 잃고 방황하는 것처럼 보인다.[71]

올리버 보베르크,
〈장소들〉, 2012년

미클로스 갈,
〈안토니오 카를로스
거리〉, 2004년

스테파니 슈나이더, 〈흰색 울타리 뒤의 소녀〉, 2005년

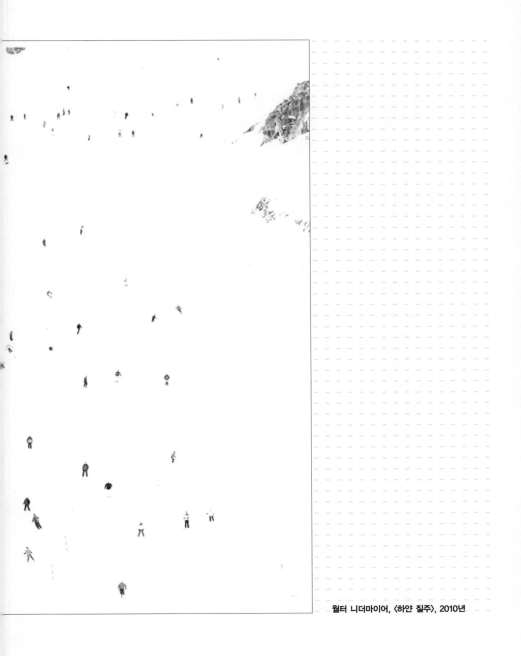

월터 니더마이어, 〈하얀 질주〉, 2010년

사진의 해방

뉴미디어가 새로 등장하면 일단은 올드미디어의 전략을 전유하려 한다. 그래서 초창기 사진은 회화의 미학을 전유해 픽토리얼리즘으로 나아갔다. 하지만 뉴미디어에 내재한 잠재성이 어느 정도 전개되면 상황이 달라진다. 자의식을 획득한 뉴미디어는 이제 자기 고유의 매체성을 강조한다. 벤야민의 그 유명한 논문은 바로 이런 변화를 반영한 것이다. 이어서 관계의 역전이 일어난다. 위기를 느낀 올드미디어가 거꾸로 뉴미디어의 미학을 전유하기 시작하는 것이다. 회화는 그렇게 (기계적) 추상과 몽타주라는 기술의 미학을 받아들임으로써 비로소 모더니티에 도달할 수 있었다.

디지털 사진과 전통적 사진의 관계에서도 이 일반적 경향이 확인된다. 컴퓨터에 사진적 재현의 잠재성이 있음이 드러나자, 그것은 일단 '포토리얼리즘'을 자신의 목표로 삼았다. 오늘날 이 목표는 대부분의 영역에서 이미 달성되었으며 부분적으로는 초과 달성되었다("너무 사실적이다"). 이렇게 컴퓨터그래픽의 잠재성이 충분히 발현되면 상황이 달라진다. 디지털 이미지의 과도한 선명함은 그 자체가 새로운 미감의 원천이 된다. 합성사진 속 실재는 사진이나 육안으로 보던 현실과는 다르다. 거기에는 어딘지 초현실적인 느낌, 즉 언캐니 뉘앙스가 있다. 그것이 디지털의 미학이다.

이제 남은 것은 사진이 컴퓨터그래픽의 전략을 전유하는 과정이다. 앞에서 살펴본 아날로그 사진의 네 작가는 피사체와의 관계를 새로이 정립하려 한다. 그것은 디지털 이미지가 초래한 '피사체'의 사라짐에 대응하려는 아날로그 사진의 전략인 셈이다. "사진이

회화를 모사의 강요로부터 해방했다는 말이 맞는다면(……), 디지
털화는 사진을 진정성의 강요로부터 해방했다."[72] 주목할 것은 네
작가의 작품 모두에서 익숙한 현실의 '낯설게 하기'가 나타나고 있
다는 점이다. 물론 이는 앗제의 사진에서 나타나는 "유익한 소격"
과는 성격이 다르다. 그것들의 낯선 느낌은 디지털의 근원을 갖고
있기 때문이다. 즉 허구에서 온다.

디지털 사진에서는 사진매체의 본질로 여겨졌던 지표성이 사라진다. 디지털 사진은 일종의 그래픽이고, 그래픽 이미지는 굳이 피사체를 요구하지 않는다. 이로써 디지털 사진은 현실의 '기록'으로서 성격을 잃는다. 여기에서는 사진이 아직 실재의 '기록'으로 기능했던 보도, 과학, 역사의 영역에서 디지털 이미지가 어떤 변화를 일으키고 있는지 살펴볼 것이다. 오늘날 보도사진은 예술작품으로 변용되고, 역사는 서사와 오락의 소재로 전락하고, 과학의 실험은 디지털 이미지 프로세싱을 닮아가고 있다. 실재는 위기에 처했다. 다큐멘터리 의식은 약화되고, 역사주의의 의식은 설 자리를 잃는다.

17

다큐멘터리의 종언

프랑스의 작가 뤽 들라예Luc Delahaye(1962~)는 분쟁지역을 다니는 포토저널리스트로 경력을 쌓기 시작했다. 1980~1990년대에 그는 레바논, 아프가니스탄, 유고슬라비아, 루안다, 체첸 등 전장을 돌아다니며 '매그넘'과 《뉴스위크》를 위해 보도사진을 찍는 데 전념했다. 하지만 2000년대 들어서는 스타일에 변화를 주어 전쟁의 참상을 대형·중형 포맷 카메라에 담기 시작한다. 그렇게 큰 장비는 물론 전장의 급박함과는 잘 어울리지 않는다. 촬영된 사진들은 디지털 보정을 거친 후 커다란 사이즈로 출력되어 미술관에 전시된다. 이로써 보도사진과 예술사진을 가르는 경계가 무너지고, 그의 사진은 "기록-기념"document-monument, 즉 역사적 기록물인 동시에 회화적 기념비가 된다.

회화적 기념비로서 다큐멘터리

〈역사〉History(2003) 연작 중 하나인 〈카불로 가는 길〉은 미군에게 사살당한 것으로 보이는 두 구의 탈레반 사체를 보여준다. 사체 주위에 아프간 사람들이 모여 있는데 마치 남의 일 보듯 하는 무심한 표정이 인상적이다. 첫눈에는 전형적 다큐멘터리 사진으로 보인다. 하지만 사진 속 인물들은, 사체를 바라보는 두 아이를 제외하고는

뤽 들라예, 〈카불로 가는 길〉, 2001년

구스타브 쿠르베, 〈오르낭의 매장〉, 1849~1850년

모두 촬영자를 바라본다. 이는 촬영자는 '마치 거기에 없었던 듯' 사건의 객관적 관찰자로 남아야 한다는 원칙의 위반이다. 사진의 제재는 매우 끔찍하지만 사진 자체는 마치 한 폭의 타블로처럼 보인다. 여기서 사진은 보도를 넘어 구스타브 쿠르베 Jean Désiré Gustave Courbet(1819~1977)의 〈오르낭의 매장〉(1849~1950)에 견줄 만한 회화적 기념비가 된다.

대형 포맷이나 파노라마 카메라를 가지고 다니면 "결정적 순간"이라는 브레송/매그넘의 원칙은 유지될 수 없다. 대형 포맷 카메라로 회화적 질을 추구할 때 사진사는 '예상 못 한 사건이 일어나는 순간'을 기다리기보다는 '기대하는 구도가 만들어지는 순간'을 연출하기 때문이다. 물론 다큐멘터리라고 해서 보도사진 수준에 머물러야 하는 것은 아니다. 이를테면 카르티에 브레송의 사진은 미술관에 걸릴 정도의 질archival quality을 갖추고 있다. 뤽 들라예는 "브레송이 그 방향으로 더 나아갔어야 한다"라고 말한다. 브레송보다 멀리 나아가기로 결심한 들라예는 2004년 매그넘을 떠나며 포토저널리즘을 포기한다. "나는 포토저널리즘의 미래에는 관심이 없다."

들라예는 "실재의 복잡성"과 더불어 "이미지의 자율성"에 대해 이야기한다. 사진은 다른 무엇이기 이전에 완결성을 갖는 미적 구조물이라는 뜻이다. 이는 칸트의 '미적 자율성' 명제를 연상시킨다. 문제는 그의 제재가 결코 외적 고려에서 자유로울 수 없다는 데 있다. 이를테면 〈역사〉 연작에는 사살된 탈레반 병사의 사진이 있다. 죽은 병사의 주머니는 털려 있고, 누군가 그의 신발마저 벗겨갔다. 사진이 보여주는 것은 실제로는 끔찍한 장면이다. 하지만 다큐멘터리의 유미화唯美化는 이 참상마저 한 폭의 풍경화처럼 제시한다.

타인의 고통을 담은 이런 사진을 미술관에서 돈 받고 판다는 데 윤리적 문제가 없냐는 질문에, "그 문제는 논하지 않겠다"[3]라고 그는 대답한다.

크로노토피아

사이먼 노포크Simon Norfolk(1963~) 역시 보스니아, 라이베리아, 아프가니스탄, 이라크 등 세계의 분쟁지역을 돌아다니며 전쟁사진을 찍어왔다. 인종학살, 제국주의, 대지와 전쟁의 공간, 전쟁과 첨단 미디어, 낡은 장비와 무기 등을 찍은 사진으로 그는 전쟁이 우리 도시와 자연환경 형태를 어떻게 바꾸어놓고, 또 우리의 사회적 기억과 심리에 어떤 흔적을 남겨놓았는지 탐구한다. 노포크는 특히 고대의 폐허를 묘사한 회화 그리고 폐허의 의미와 은유에 관심이 많았다. 특히 18세기 낭만주의 시대에 고대의 폐허는 인간의 유한성, 자연의 영원성, 죽음을 통한 양자의 궁극적 합일을 상징하는 은유였다. 노포크는 18세기의 폐허 취향을 사진으로 복구해낸다.

아마눌라 왕Amanullah Kahn(1892~1960)의 '개선문'이 폭격으로 파괴되었다. 이 개선문은 아프가니스탄의 아마눌라 왕이 영국과의 전쟁에서 승리해 독립을 쟁취한 일을 기념하기 위해 세운 것이다. 화면 오른쪽으로 한 사내가 안내판에 기대어 앉아 있는 모습이 보인다. 18세기에 유행했던 폐허 그림에서는 여행자가 종종 우연히 발견한 폐허 부근에 앉아 휴식을 취하며 상념에 잠긴다. 작품의 회화적 아름다움은 일거에 관객을 압도한다. 당혹스러운 것은 저 개선문을 파괴한 것이 수천 년의 '세월'이 아니라, 현재 진행되는 '전

사이먼 노포크, 〈아마눌라의 개선문〉, 2002년

장 르메르, 〈폐허의 풍경과 양치기 소년〉, 17세기경

쟁'이라는 사실이다. 이렇게 서정적인 아름다움 속에서 문득 현실의 참혹함을 깨닫게 만드는 것이 아마 작가의 의도일 것이다.

파괴된 바그다드 북문을 담은 사진은 마치 장 르메르Jean Lemaire(1598~1659)의 낭만적 풍경처럼 서정성이 느껴진다. 기록사진과 예술사진의 경계가 무너지면서 노포크의 작품은 다큐멘터리 사진의 그것과 구별되는 고유의 시공간 차원을 갖게 된다. 노포크는 사진이 기록의 의무에서 벗어나 자유롭게 취하는 이 고유한 시공간 차원을 '크로노토피아'라 부른다. 이는 미하일 바흐친Mikhail Bakhtin 에게서 빌려 온 용어로 "모든 서사와 모든 언어행위의 바탕에 깔린 시공간적 매트릭스"를 가리킨다. 사진집 《아프가니스탄: 크로노토피아》(2002)에서 노포크는 이렇게 말한다.

> 아프가니스탄의 풍경은 어린 시절 부모님이 내게 주신 '어린이 그림 성경'에서 처음 봤던 장면들이다. 다윗이 골리앗과 싸울 때 저 산과 사막은 그들 뒤에 있었다. 여호수아가 여리고성을 칠 때, 저 파우나와 플로라는 그의 어깨 위에 있었다. 더 정확히 말하면, 저 풍경들은 내 어린 시절의 상상력이 묵시록 혹은 아마겟돈을 어떻게 표상했는지 보여준다. 사막에 떠오르는 해의 수정 같은 빛 속에 잠긴 거대한 바빌론적 규모의 완전한 파괴.[4]

다큐멘터리 사진은 현실의 시공간을 기록하지만, 노포크의 사진 속 시공간은 현실을 초월한다. 그의 사진에서는 고대와 현재라는 상이한 두 시간, 이스라엘과 아프가니스탄이라는 상이한 두 장소가 하나로 어우러져 제3의 시공간적 매트릭스가 탄생한다. 파괴된 아마눌라의 개선문은 노포크의 카메라에 담기는 순간 현실의 시공간을 떠나 허구의 시공간 속으로 자리를 옮긴다. 목가적 전원의 서정과 잔혹한 전쟁의 기록은 서로 충돌한다. 작가는 이 콘트라스트를 통해 전쟁의 참혹함을 충격적으로 보여주려 했을지도 모른다. 하지만 폭격으로 파괴된 현장을 한 폭의 낭만주의 혹은 고전주의 풍경화로 유미화한 것을 보는 데는 어떤 윤리적 불편함이 따른다.

아르카디아에도 내가

수전 메이젤라스Susan Meiselas(1948~)의 사진은 고즈넉한 니카라과의 풍경을 보여준다. 하지만 목가적 전원의 풍경에 취했던 관객은 시선이 사진 정면에 보이는 이상한 물체에 가 닿는 순간 소스라치게 놀라게 된다. 그것은 상체가 날아간 인간의 시신이기 때문이다. 이 사진은 수도 마나구아 외곽 퀘스타 델 플로모에서 찍은 것으로, 그 장소는 소모사 정권의 국민방위군이 종종 정적을 처형하는 장소로 사용되었다고 한다. 희생자는 산디니스타 정권의 지지자였을 것이다. 바지에 든 하체는 부패해서 부풀어올랐고, 상체는 척추 뼈가 그대로 드러난 것으로 보아 들짐승에게 뜯어먹힌 것으로 보인다. 한마디로 "폭력적이면서 아름답고 혐오스러우면서도 유혹적"[5]인 사진이다.

　이 작품은 '아르카디아의 목동'이라는 유명한 회화의 제재를 연상시킨다. 아르카디아의 목동들이 우연히 버려진 고대의 무덤을 발견하는데, 거기에 '아르카디아에도 내가 있다'Et in arcadia ego라 적혀 있었다는 전설이다. 이상향에도 죽음이 있다는 이 낭만적 '메멘

수전 메이젤라스, 〈니카라과〉 연작 중 〈퀘스타 델 플로모〉, 1978년

게르치노, 〈아르카디아에도 내가 있다〉, 1618~1622년

토 모리'는 니콜라 푸생Nicholas Poussin(1594~1665)의 그림을 통해 널리 알려져 있지만, 그 효시는 이탈리아의 화가 게르치노Giovanni Francesco Barbieri(1591~1666)의 작품이었다. 게르치노의 그림에서 두 목동은 우연히 주인 모를 무덤 위에 놓인 두개골과 마주친다. 아르카디아의 목동들처럼 메이젤라스의 사진을 보는 관객은 니카라과의 서정적 풍경 속에서 불현듯 참혹한 현실과 마주치게 된다.

자신을 "인권 사진가"라 부르는 메이젤라스는 '엘 모소테 학살'을 세상에 드러내는 데 큰 역할을 했다. 1981년 미군의 훈련을 받은 엘살바도르 군대가 게릴라 소탕을 명분으로 1,000명 이상의 양민을 학살한다. 좌익 게릴라들은 《뉴욕타임스》와 《워싱턴포스트》의 기자와 메이젤라스를 몰래 현장으로 부르고, 이들의 취재로 사건은 세상에 알려진다. 하지만 전쟁과 학살의 현장을 담은 이런 사진들은 종종 '기회주의적'이라는 비난을 받는다. 다른 공동체에 속하는 사람들의 고통을 미학적 향유의 대상으로 전락시킨다는 이유에서다. 특히 앞에서 소개한 니카라과 풍경처럼 의도적으로 미학적 연출을 적용한 사진을 미술관에 작품으로 걸어놓는 데는 윤리적으로 석연찮은 구석이 있다.

"카메라는 그렇지 않았다면 속하지 않았을 장소에 존재하는 변명이다. 그것은 내게 연결의 지점과 분리의 지점을 동시에 준다."[6] 여기서 '연결'이란 타인의 고통에 동참하는 '액티비즘'activism을, '분리'란 타인의 고통을 냉정히 기록하는 '저널리즘'을 가리킬 것이다. 여기서 그녀는 다큐멘터리가 저널리즘을 넘어 액티비즘으로 나아가야 한다고 말하는 듯하다. 하지만 저 니카라과의 풍경은 액티비즘과는 정반대 방향을 가리키는 듯하다. 바로 '유미주의'aestheticism

의 방향이다. 1970년대 이후 보도사진이 미술관에 작품으로 걸리면서 이런 경향은 더 심화되고 있다. 어떤 사진은 타인을 위해 '행동'하고, 어떤 사진은 타인의 불행을 '관조'하며, 어떤 사진은 타인의 고통을 '소비'한다.[7]

텍스트 문화의 종언은 역사주의 의식의 약화를 가져온다. 역사주의의 종언은 1980년대 이후 사회적인 것의 죽음, 정치적인 것의 죽음이라는 기다란 포스트모던 장례 행렬을 낳는다. 탈정치 분위기에서 사진을 통한 참여는 '허위의식'으로 의심받는다. 크리스토퍼 앤더슨Christopher Anderson(1970~)은 이렇게 말한다.

> "포토저널리즘의 죽음은 사회를 위해서는 나쁜 것이다. 하지만
> 포토저널리즘이 줄어드는 게 외려 우리에게 나을지도 모른다.
> 나는 포토저널리즘의 자기중시와 자기축성, 그 위선적 측면이
> 전혀 그립지 않을 것이다."[8]

최근 다큐멘터리 사진에도 토머스 루프Thomas Ruff(1958~)의 사진 속 인물들처럼 냉담한 '데드팬'의 미학이 관철되고 있다. 피사체에는 아무 관심 없는 듯 냉정히 바라보는 이 엄격하게 객관적인 양식은 사진이 진실을 말할 능력이 있다고 더는 믿지 않는 시대의 세계감정을 반영한다. "때 묻지 않은 순수한 의미나 체험을 가질 수 없다는 것. 바로 그것이 우리가 포스트모더니스트라 불리는 예술의 전제다."[9] 그리하여 "새로운 포토저널리즘은 그냥 예술의 영역에 속하는 새로운 장르다. 그것은 기능이 없지만, 아름답다."[10]

데드팬에서 더블클릭으로

2006년 뮌헨에서 열린 전시회 '클릭, 더블클릭'은 다큐멘터리의 또다른 경향을 소개한다. 제목 속의 '클릭'은 셔터를 누르는 것을, 그리고 '더블클릭'은 마우스 조작을 의미한다. 제목이 암시하듯 이 전시회는 아날로그에서 디지털로 이행하는 시기, 사진에 일어나는 변화를 포착하기 위한 것이었다. 기획자들에 따르면, 디지털 시대의 다큐멘터리는 현실의 객관적 기록에서 벗어나 작가의 주관적 표현을 지향한다. "현재 사진은 다큐멘터리 요인에 관한 새로운 개념이 출현하는 변화의 국면에 있다. 사진은 더는 현실의 초상 혹은 재현이 아니라, 예술적으로 잘 근거지은 세계의 관념이다."[11] 한마디로 디지털이 다큐멘터리의 개념 자체를 바꾸어놓고 있다는 것이다.

'데드팬'의 객관적 엄밀주의와 '더블클릭'의 주관적 표현주의가 상충하는 듯하다. 하지만 자세히 보면 이 두 경향이 실은 사진의 '유미화'Aesthetizierung라는 흐름의 두 갈래에 불과함을 알 수 있다. 데드팬 사진은 더는 자신이 진리라고 주장하지 않는다. 그것은 자신이 제시하는 현실에 무관심indifferent하다. 그 엄밀한 객관주의를 가지고 현실에 대해 아무 말도 하지 않는다. 따라서 그것을 '보도'라고 할 수도 없다. 한편 '더블클릭'을 통해 다큐멘터리 사진은 현실의 객관적 기록에서 벗어나 작가의 주관적 표현의 영역으로 넘어간다. 사진은 회화와, 사실은 허구와, 기록은 표현과 하나가 된다. 따라서 이 역시 보도라고 하기는 어렵다.

데드팬의 객관주의와 더블클릭의 표현주의가 공유하는 특성은 고전적 의미의 '사진적 현실'을 사라지게 한다는 점이다. '결정적 순간'이라는 브레송/매그넘의 다큐멘터리 원칙은 이미 힘을 잃었다. '현실'이라는 것의 개념 자체가 달라졌기 때문이다. 디지털 시대의 현실은 주어지지 않고 만들어진다. 데드팬은 이 상황에 대한 차가운 냉소이고, 더블클릭은 이 상황에 대한 뜨거운 환영이다. 데드팬은 사진적 사실fact이란 결국 만들어진 것factum에 불과하다고 냉소한다. 더블클릭은 주어진 세계를 기록한다는 인식의 환상과 윤리적 의무에서 벗어나 사진으로 세계를 꾸며댈fabrication 자유에 열광한다. 디지털은 니체의 말을 다시 불러낸다. "진리보다 중요한 것이 예술이다."

18

허구로서 과학

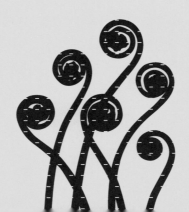

회화와 구별되는 사진의 강력한 힘은 초기부터 그것이 과학-기술과 밀접한 관련을 맺어왔다는 사실에서 비롯된다. 벤야민이 사진의 매체성을 제대로 이해한 작가로 외젠 앗제, 아우구스트 잔더August Sander(1876~1964)와 더불어 칼 블로스펠트Karl Blossfeldt(1865~1932)를 꼽은 것은 그 때문이다. 블로스펠트는 식물의 샘플을 촬영해 기록하는 데서 출발했다. 식물의 아름다움에 매료된 나머지 후에《예술의 원형》(1928)이라는 사진집을 출간하는데, 식물학적 연구의 기념비라 할 수 있는 이 책에서 그는 '식물 형태가 인간이 만든 예술의 원형'이라는 가설을 내세운다.[12] 그의 식물 사진들은 '예술은 자연의 모방'이라는 오래된 명제를 시각적으로 입증하는 과학적 증거였다.

과학과 예술의 경계

예술의 원형을 자연에서 찾은 것은 그가 처음이 아니었다. 그 이전에 독일의 생물학자 에른스트 헤켈Ernst Haeckel(1834~1919)이 현미경으로 관찰한 해양 미생물들의 모습을 담아《자연의 예술형태》(1904)라는 책을 출간한 바 있다. "자연은 자신의 태내에서 무궁무진하게 많은 놀라운 형태들을 낳는다. 그것들의 미와 다양성은 인

칼 블로스펠트, 〈예술의 원형〉, 1928년

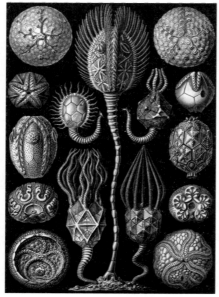

에른스트 헤켈이 현미경으로 관찰해서 그린 해양 미생물의 모습

간이 만들어낸 모든 형태들을 현저히 앞지른다." 하지만 그중 인간의 예술이 그동안 모방의 대상으로 삼은 것은 오직 꽃이나 포유류처럼 일상적으로 접하는 생물뿐이었다. 심해나 열대에 사는 생물 혹은 육안으로 볼 수 없는 미생물의 아름다움은 그동안 전혀 알려지지 않았기에 대중에게 널리 알리기 위해 이 책을 펴내기로 했다는 것이다.

《자연의 예술형태》에 실린 이미지는 사진이 아니라 헤켈 자신이 그린 드로잉과 수채화다. 헤켈은 그 이미지를 그릴 때 "양식적 모델링이나 장식적 평가를 삼간 채 (묘사를) 진짜로 존재하는 자연의 산물의 진리 충실한 묘사에 국한"했다고 말한다. 즉 자신은 사진처럼 충실한 묘사만 할 뿐이고, 그것을 미적으로 변형시키는 일은 "조형 예술가들에게 맡겨"두겠다는 것이다. "현대의 조형예술은 (……) 이 진정한wahren 《자연의 예술형태》에서 엄청나게 풍부한 새롭고 아름다운 모티브들을 발견하게 될 것이다."[13] 그의 예언대로 이 책은 실제로 아르누보를 비롯한 20세기 초의 예술에 커다란 영향을 끼쳤다. 블로스펠트의 사진 작업도 헤켈의 영향 없이는 나올 수 없었을 것이다.

흥미로운 것은 "자연의 산물의 진리 충실한 묘사에 국한"했다는 주장의 진위다. 사실 헤켈은 "현미경 뒤에서 열심히 세밀한 과학적 작업을 하는 타입은 아니"었다고 한다. 그는 '모니즘'monism이라는 과학종교의 관념으로 자연을 바라보았고,[14] 미학적 시각에서 생명현상을 관찰했으며 그것을 예술형태로 묘사하려는 미적 충동과 솜씨를 갖고 있었다. 실제로 《자연의 예술형태》에 수록된 일러스트레이션들은 비례나 대칭과 같은 미학적 원리를 따르고 있어 어디까

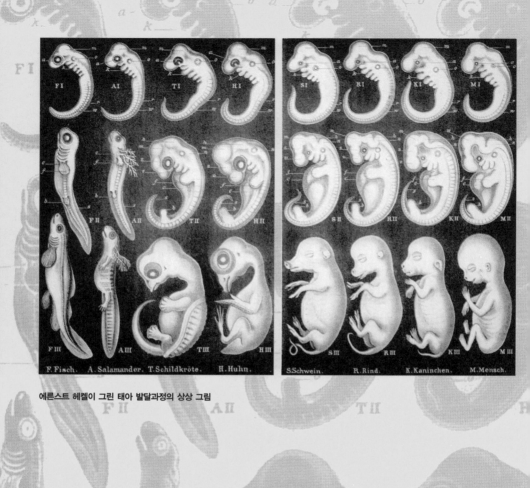

에른스트 헤켈이 그린 태아 발달과정의 상상 그림

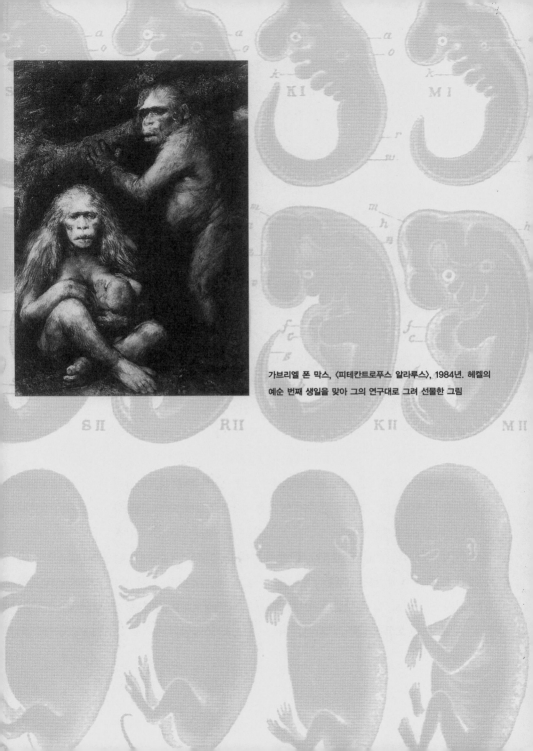

가브리엘 폰 막스, 〈피테칸트로푸스 알라루스〉, 1984년. 헤켈의
예순 번째 생일을 맞아 그의 연구대로 그려 선물한 그림

지가 관찰의 산물이고 어디까지가 미학적 구성인지 구별하기 어렵다. 따라서 《자연의 예술형태》는 그의 말과 달리, 진리에 충실한 묘사라기보다 과학적 관찰에 미학적 해석을 결합한 결과로 보는 게 온당하리라.

여기서 문제가 발생한다. 과학과 예술 둘의 결합으로 이루어진 이미지가 과연 얼마나 진정할까? 헤켈은 종종 사실과 상상을 뒤섞은 이론으로 당시에도 자주 구설에 올랐다. 대표적인 것이 "개체발생은 계통발생을 반복한다"라는 그 유명한 명제다. 거기에 따르면 인간의 태아는 발달과정에서 차례로 어류, 양서류, 파충류, 포유류 등 다른 종의 성체 모습을 띠게 된다. 헤켈은 이 주장을 증명하기 위해 태아의 발달과정을 순차적으로 묘사한 이미지를 제시하기도 했다. 한동안 그의 이론을 뒷받침하는 증거로 통했던 이 이미지는 후에 뻔뻔한 조작으로 밝혀진다. 그것은 관찰의 그림이 아니라 상상의 그림이었던 것이다.

다윈의 추종자였던 헤켈은 《종의 기원》이 발표되자 이 발견을 학계와 사회에 대중화하는 데 심혈을 기울였다. "원숭이와 인간이 동일한 조상을 갖는다"라는 명제를 입증하려면 원숭이와 인간 사이의 '잃어버린 고리'를 찾아야 했다. 흥미로운 것은 헤켈이 고고학적 발견 이전에 이미 그런 중간종의 실재를 기정사실화하고 거기에 학명('피테칸트로푸스 알라루스')까지 붙였다는 점이다. 그는 이 중간종이 인도네시아에 있을 것이라 확신했다. 더 흥미로운 것은 그의 말을 믿었던 네덜란드 군의관 외젠 뒤부아Eugène Dubois(1858~1940)가 거기서 정말로 그 중간종을 발견했다는 사실이다. 그때 발견된 것이 오늘날 '호모 에렉투스'로 분류되는 '자바 원인'이다.[15]

환상의 과학적 재현

과학의 '가설' 자체가 실은 사실에 기초한 상상이다. 하지만 '사실'
과 달리 '상상'은 사진에 담을 수가 없다. 헤켈이 증거로 제시한 것
은 사진이 아니라 회화였으며, 손으로 그린 회화는 과학적 증거로
인정되지 않는다. 반면 블로스펠트가 제시한 식물 형태는 오늘날
과학적 사실로 받아들여진다. 그것들은 사진에 찍힌 피사체이기 때
문이다. 헤켈이 그려 보여준 유기체들 중에는 아직도 발견되지 않
은 종들이 있다고 한다. 그것들은 상상의 그림이었을 가능성이 크
다. 이것이 회화와 사진의 차이다. 하지만 디지털 테크놀로지로 인
해 허구와 기록을 구별하기가 힘들어졌다. 그런데 이 인식론적 재
난이 예술에는 상상력의 원천이 되어준다.[16]

프랑스 남부 오트 프로방스 지방 지
질학 유적지에서 발견되었다는 가
짜 화석의 스케치

호앙 폰트쿠베르타, 〈히드로피테쿠
스〉

위 사진은 프랑스 남부 오트 프로방스 지방의 지질학 유적지에서 발견된 화석의 모습이다. 유인원의 상체에 물고기의 하체가 결합된 이 화석에는 '히드로피테쿠스'Hydropithecus라는 학명이 붙여졌다. '물에 사는 원숭이'라는 뜻이다. 뱃사람들의 전설에 나오는 인어, 그리스 신화의 사이렌이 실제로 존재했다면 아마 이런 모습이었을 것이다. 물론 이는 실물이 아니라 스페인의 작가 호앙 폰트쿠베르타Joan Fontcuberta(1955~)가 만든 작품이다. 작가는 자신을 "카메라를 사용하는 개념예술가"라 부르며 그동안 상상 속 동물을 사진으로 제시하는 작업을 해왔다. 이때 그는 스토리텔링을 곁들여 그 상상의 존재를 과학적 사실로 위장하곤 한다.[17]

첫 작업인 〈헤르바움〉Herbaum(1982~1985) 연작은 일련의 식물 사진으로 이루어져 있다. 블로스펠트의 양식에 따라 하얀 배경을 바탕으로 우아하게 촬영된 이 식물들은 어딘지 초현실적인 느낌을 준다. 여러 식물의 부분부분을 따서 조합한 가상의 식물이기 때문이다. 〈파우나〉Fauna(1988) 연작은, 페터 아마젠하우펜이라는 가상 동물학자의 아카이브를 발견한다는 허구 위에 서 있다. 그 아카이브에서 나온 사진에는 다리 달린 뱀, 뿔난 원숭이, 날개 단 코끼리 등 온갖 기괴한 동물의 모습이 담겨 있다. 작가는 거기에 과학적 설명을 덧붙이기를 잊지 않는다. 예를 들어 긴 앞다리로 선 모피 거북이 '알로펙스 스툴투스'Alopex stultus에 관한 설명을 보자.

이 사진은 동물이 변이를 일으켜 어려운 기후조건에 적응할 능력이 있음을 보여주는 증거다. 추위와 눈보라를 이기기 위해 이 동물은, 예전에는 거북이과에 속했지만 이젠 긴 앞다리를 발달시켜 부분적으로 서게 되었고, 엄동설한에 살아남기 위해 온몸에 두꺼운 모피를 두르게 되었다. 불행히도 이 동물이 번식을 어떻게 하는지에 대해서는 알려진 것이 없다.[18]

그의 사진은 과학적 도큐먼트의 형식을 취하나, 정작 거기에 담긴 것은 과학적 상식으로는 도저히 받아들일 수 없는 허구의 존재들이다. 이 패러독스, 과학과 허구의 모순적 결합이야말로 그의 작업의 요체다. 작업의 방식은 철저히 아날로그적이지만 작업의 본질은 외려 디지털에 가깝다. 디지털은 카메라를 "존재하지 않는 것을 기록하는" 매체로 변모시킨다. 디지털 사진은 '사실로 재현된 상상'이다. 흥미로운 것은 폰트쿠베르타가 이 가상의 생물학을 위해 빌렘 플루서와 손을 잡았다는 점이다. 플루서의 말은 두 사람의 공동작업이 얼마나 디지털 원리에 근접했는지를 잘 보여준다.

생물학과 사진은 근본적으로 정보에 관계한다. 생물학은 근본적으로 지구상의 생명의 시작에서 오늘에 이르기까지 유전정보의 연속적 변화에 대한 연구로 간주될 수 있다. 이 연구는 '유전공학'이라는 기술에 자리를 물려주고 있다. 미래에는 이것이 우리로 하여금 유전정보를 조작해 궁극적으로 새로운 인간종을 포함해 완전히 새로운 식물과 동물종을 생산할 수 있게 해줄지 모른다. 사진 역시 감광 표면에 떨어지는 빛이 초래하는 화학적 변화를 통한 정보 생산을 목표로 하는 기술로 간주될 수 있다. 당연히 생물학과 사진은 너무 다르고 대개는 서로 무관하기에, 그 두 분야에서 '정보'라는 것이 동일한 개념을 의미하는지, 아니면 그

용어를 그저 은유적으로 사용해 서로 너무나 다른 두 영역에 적
용하고 있는 것인지 물을지 모르겠다. (……) 호앙 폰트쿠베르타
의 식물 사진이 그 대답을 줄 것이다. 우리가 여기서 보는 것은
유전정보의 조작이 아니라 사진정보의 조작을 통해 탄생한 새로
운 식물종들이다. (……) 폰트쿠베르타는 생물학적 정보를 사진
적 절차로 조작할 수 있는 듯이 보인다. 물론 우리는 이것이 '실
제로' 참이 아니라는 것을 안다. (……) 그럼에도 거기에는 그것
들이 식물학적 담론 내의 '정보'의 문제와 관련되어 있음을 암시
하는 그 무언가가 있다.[19]

여기서 플루서는 사진과 생물학을 모두 '정보'의 처리과정으로
보아 둘을 동일시한다. 사진이 디지털화함으로써 플루서의 말대로
사진과 생물학은 정말로 비슷해졌다. 생명공학에서는 DNA를 시퀀
싱sequncing하여 문자열로 바꾸고, 그 일부를 잘라내 다른 것으로 교
체한 후, 새로운 DNA로 합성synthesis한다. 디지털 이미지 프로세싱
도 크게 다르지 않다. 어느 사진학과 교수는 디지털 사진조작에 관
한 강의를 마친 후 생명공학을 전공하는 수강생에게 이런 말을 들
었다고 한다. "당신은 이미지를 연구하고 우리는 DNA를 연구한다
는 것만 제외하면, 사진조작은 우리가 유전학에서 하는 일과 똑같
습니다."[20]

스톤헨지 밑의 자동차

패트릭 나가타니Patrick Nagatani(1945~) 역시 〈발굴〉(1987) 연작에서

비슷한 전략을 구사한다. 그는 료이치라는 가상의 고고학자를 내세운다. 1985년 고고학자 료이치는 출처를 알 수 없는 기묘한 지도들을 입수한다. 거기에는 스톤헨지, 차코 계곡, 호주 우룰루, 키티 픽 국립천문대 등 문화적 중요성을 띠는 고대 및 현대의 유적들 위치가 표기되어 있었다. 료이치와 그의 발굴팀은 그곳들로 찾아가 15년 동안 비밀리에 발굴 작업을 수행한다. 성과는 놀라웠다. 로마 헤라클레네움의 화산재 속에서는 페라리가 발견되었고, 마야왕국 고전기의 치첸이차 첨성대에서는 재규어가 발굴되었으며, 선사시대의 스톤헨지 유적 아래서는 벤틀리가 출토되었다.

이 놀라운 발굴의 결과는 철저히 비밀에 부쳐질 뻔했다. 료이치가 발굴이 끝나자마자 발굴의 모든 증거를 인멸해버렸기 때문이다. 그 직전에 나가타니가 사진을 찍어놓지 않았다면, 이 놀라운 발굴 성과는 영원히 사라졌을 것이다. 나가타니는 자신이 찍은 "현장 사진과 출토된 유물 사진이 료이치의 발굴 작업에 관한 유일한 기록"이라고 말한다. 샌프란시스코의 '앤드루 스미스 갤러리'에서 열린 전시회에는 유물과 발굴 현장을 담은 사진과 더불어, 료이치의 논문 사진, 현장 지도, 발굴 계획 등의 도큐멘테이션이 전시되었다. 각각의 시각자료에는 발굴과정을 기술하고 방사능 탄소연대 측정 결과를 비롯한 과학적 정보를 제공하는 텍스트 패널이 덧붙여졌다.[21]

이 전시회가 열리기 직전인 2000년 엄청난 고고학적 사기 사건이 일본사회를 발칵 뒤집어놓은 바 있다. 일본 고고학계에서 '신의 손'이라 불리던 아마추어 고고학자 후지무라 신이치藤村新一가 오래된 지층 속에 몰래 구석기 유물을 심어넣는 장면이 마이니치 신문사 기자의 카메라에 포착된 것이다. 그의 위조유물 덕분에 일본

패트릭 나가타니, 〈발굴〉, 1987년

의 구석기 시대는 60만 년 전으로까지 거슬러 올라갈 수 있었다. 물론 나가타니의 작품은 이런 학문적 사기와는 성격이 전혀 다르다. 신이치의 날조는 고고학적 사실이 되려고 했지만, 나가타니의 날조는 사실이 되기를 원하지 않는다. 나가타니는 고고학적 시대착오를 통해 유머러스한 방식으로 시간의 선형성을 잠시 유예할 뿐이다.

> "나는 관객으로 하여금 사진이 창조하거나 재창조하거나 혹은 특정한 역사를 지원하는 방식을 검사해보게 하고 싶다. 결국 내가 관심을 가진 것은 아름다움, 욕망, 놀라움, 가능성, 그리고 믿음을 유예할 의사가 되어 있는 관객, 좌뇌만이 아니라 우뇌도 사용할 의사가 있는 관객이다."[22]

데카르트는 이성적 존재가 되려면 "정신으로 하여금 상상력을 멀리하게 하라"라고 권한다. 근대문명은 이렇게 이성적 사유를 위해 상상력을 억압해왔다. 나가타니는 스톤헨지 밑에 슬쩍 벤틀리를 심어놓음으로써 이 이성중심주의를 전복시킨다. "현재 내 접근방법은 중립지대의 반어적 상태에 있다. 지금 우리 문화의 부정적인 것 중의 하나는 아마도 사실 아니면 허구, 선 아니면 악, 참 아니면 거짓, 흑 아니면 백, 옳음 아니면 틀림(……)이어야 한다는 태도일 것이다. 이런 종류의 사고는 회색지대나 중립지대에 있을지도 모르는 창조적 노력 속의 마술과 가능성에 아무런 여지도 남겨두지 않는다."[23] 그 "회색지대"나 그 "중립지대"를 앞에서 '파타피직스'라 불렀음을 기억하자.

19

역사란 무엇인가?

'역사의 종언'이란 오랫동안 우리를 지배했던 '역사주의'라는 특정한 의식의 종말을 의미한다. 역사주의 의식은 문자문화의 소산이다. 하지만 전자매체와 더불어 정보전달의 주도적 매체는 이미 문자에서 영상으로 옮겨갔다. 특히 전자영상이 아날로그에서 디지털로 진화하면서 영상의 승리는 더욱더 확고해졌다. 텍스트는 선형적으로 해독되지만 이미지는 공간적으로 지각된다. 영상의 승리와 더불어 시간의 선형성과 비가역성에 뿌리를 둔 특정한 사고의 유형, 즉 역사주의 의식은 약화될 수밖에 없다. 이로써 역사의 위기, 역사의 종언이 찾아온다. 디지털 시대는 우리로 하여금 E. H. 카Edward Hallet Carr(1892~1982)의 그 유명한 질문을 다시 던지게 만든다. "역사란 무엇인가?"

역사의 재발명

워렌 네이디치Warren Neidich(1958~)의 〈재발명된 미국사〉(1986~1991)는 1850년대 미국의 모습을 담은 일련의 역사적 사진으로 이루어져 있다. 그 사진들을 감정사에게 보여준다면, 진짜 19세기 기술로 제작된 원본이라고 확인해줄 것이다. 다만 그 보존상태가 너무 양호한 것을 미심쩍어할지는 모르겠다. 사실을 말하자면 그 사진들은 19세기와 똑같은 기술을 사용하여 최근에 찍은 것들이다. 우리나라의 민속촌처럼 미국에도 과거를 재현해놓은 박물관 마을이 있는데, 연작의 1탄(〈미국사 기록하기〉)은 그곳에서 일하는 사람들을 모델로 삼는다. 이렇게 19세기의 재현물을 19세기의 기술로 찍었기에 사진들은 마치 진짜 역사적 사진처럼 느껴진다.

하지만 자세히 보면 그것의 허구성이 드러난다. 이를테면 19세기 건물 벽에 'Just like TV'라 적혀 있고 마구간 문에 'No Smoking'이라는 팻말이 걸려 있으며 철로 옆 오두막의 문 위에는 'Closed Til Remodelling'이라 적혀 있다. 울타리를 손보는 사람의 뒷주머니에는 모토롤라 삐삐가 꽂혀 있고, 건물 뒤 구릉 너머로는 캐터필러 트랙터가 보이며, 상공으로는 조그맣게 여객기가 지나간다. 아무리 19세기와 똑같이 차려놓아도 결국 20세기의 산물이므로, 곳곳에 시대착오가 있기 마련이다. 네이디치는 박물관 마을에서 발견한 이 디테일들만 골라 찍어 자신이 제시하는 역사적 사진이 실은 가짜임을 드러낸다.

〈사이비 이벤트〉는 1850년대 흑인 부르주아 가정의 모습을 보여준다. 흑인들은 호화로운 거실에서 단란한 한때를 보내고 세련된 정장 차림으로 교회에 가고 투표장에 나가 권리를 행사하기도 한다. 의복과 헤어스타일, 가구와 건물 모두 19세기의 것이고, 사진 자체도 19세기 기법으로 제작되었기에, 완성된 빈티지 프린트는 진짜 역사적 사진처럼 보인다. 하지만 노예해방 이전의 '흑인 부르주아'라는 것 자체가 이미 난센스. 그것을 드러내기 위해 네이디치는 사진 곳곳에 시대착오를 심어놓는다. 이를테면 가족 목장을 찾은 흑인여성은 선글라스를 끼고 있다. 날조된 각각의 사진 옆에는 시

워렌 네이디치,
〈사이비 이벤트〉,
1987~1988년

대착오적 요소를 제거하고 현대적 기법으로 제작한 또 다른 사진이 딥티콘 형식으로 병치된다.

미국 인구의 10퍼센트를 차지하는 거대한 집단인데도 아카이브에서 흑인 사진을 찾아보기란 매우 힘들다. 간간이 존재하는 것은 백인과 더불어 찍힌 것뿐인데, 거기서도 그들은 그저 하인이나 가정부일 뿐이다. 19세기에 흑인 사진사들이 활동했다지만 그들의 사진은 거의 남아 있지 않다. 흑인이 찍은 사진은 소장할 가치가 없다고 여겨졌기 때문이다. 〈사이비 이벤트〉는 이 아카이브의 인종주의를 문제 삼기 위해 "역사적 사진의 대리물ersatz을 날조"한다. 이는 흑인들의 부정당한 권리, 즉 역사적 사진으로 남을 권리와 사진 속에서 백인과 동등한 권리를 "보상"해주기 위해 "필요한 허구"다.[24] 네이디치의 〈재발명된 미국사〉 연작에서 역사는 다시 '제작되어야 할 것'으로 나타난다.

뇌과학자로서 네이디치의 관심은 '기억'에 있다. 〈미국사 기록하기〉는 디테일로 스투디움 전체를 전복하는 푼크툼의 전략을 인위적으로 연출하고 이로써 공식적 역사라는 것이 실은 온갖 시대착오로 가득 찬 박물관 마을만큼이나 허구적임을 암시한다. 〈사이비 이벤트〉는 역사의 허구적 "재작동"reenactment[25]이 외려 공식적 역사보다 참된 것으로 나타나는 역설을 실천한다. 사진으로 전달되는 공식적 미국사는 흑인의 존재를 기억에서 지웠다. 그들은 존재했음이 틀림없기에 기억은 복원되어야 하지만 사진의 지표적 성격은 그것을 불가능하게 만든다. 피사체가 이미 사라졌기에 그들의 존재는 허구적으로 연출된다. 기록되지 않은 역사는 '발명'되어야 한다.

소비에트 스냅숏

나탈리 북친Natalie Bookchin과 레프 마노비치의 〈소비에트 스냅숏〉
(1995)은 디지털로 합성한 세 장의 사진으로 이루어져 있다. 이 연
작의 모티브는 스냅숏이 사람들로 하여금 과거를 상상적으로 소유
할 수 있게 해준다는 수전 손택의 언급이었다. 스냅숏 덕분에 오늘
날 대중은 자신의 개인사를 시각적으로 구성할 수 있게 되었다. 북
친과 마노비치는 여기서 흥미로운 질문을 던진다. "그렇다면 스냅
숏의 전통을 갖지 못했던 문화의 기억은 어떻게 되는가?" "스냅숏
의 전통을 갖지 못했던 문화"란 물론 마노비치의 조국 소비에트를
가리킨다. 로모 카메라가 비록 소련에서 탄생했다지만, 그것을 스
냅숏의 대명사('로모그래피'Lomography)로 만든 것은 소련으로부터 판
권을 구입한 오스트리아의 회사였다.

　　어느 날 북친이 마노비치에게 소비에트 시절의 사진을 보여달
라고 요청한다. 하지만 마노비치는 그녀에게 보여줄 게 없었다. 소
비에트 시절 일반대중은 아마추어 사진사를 친구로 두거나 전문적
인 카메라 스튜디오에 찾아가야만 제 사진을 가질 수 있었기 때문
이다. 대중적 사진문화가 없기에 당연히 스냅숏 문화도 없었다. 여
기서 두 사람은 디지털 테크놀로지로 '부재하는 스냅숏'을 날조하
기로 한다. 사진들은 물론 소비에트 시절 모스크바에 사는 레프 마
노비치의 생활을 보여주어야 한다. 이 가상의 사진을 위해 그들은
소비에트에 살았던 마노비치의 현실적 기억과 미국에서 살아온 북
친의 판타지를 결합하기로 한다. 그녀의 판타지 속에서 소련은 물
론 '악의 제국'이다.

레프 마노비치, 〈결정적 순간〉, 1995년

'로모그래피 십계명'은 이렇게 명한다. "①어디를 가든 카메라를 소지하라. ②밤낮을 가리지 말고 찍어라. ③엉덩이 높이에서부터 찍어라. (……) ⑥생각하지 말라. ⑦신속하라. (……) ⑩규칙에 신경 쓰지 말라."[26] 이런 촬영의 결과로 얻어지는 사진은 초점이 안 맞아 흐리거나blur, 앵글이 안 맞아 엉뚱하게 잘리거나awkward crop, 너무 강한 플래시impact of flash에 노출되기도 한다.

제작될 사진들은 이런 스냅숏의 특성을 구현해야 한다. 스냅숏 역시 시각문화의 코드와 양식을 반영하기 마련이다. 북친과 마노비치는 스냅숏에 픽토리얼리즘, 소프트포르노그래피, 구성주의, 결정적 순간이라는 고전적 사진 어법을 결합하기로 한다. 이로써 "결코 존재하지 않았던 소비에트 스냅숏의 미학"이 탄생한다.

연작의 첫 번째 사진(〈포르노-픽토리얼리즘〉)은 누드 화보를 펴놓은 채 침대에 누운 소녀의 다리를 보여준다. 타원형 포맷이 이것이 열쇠구멍으로 훔쳐본 장면임을 암시한다. 두 번째 사진(〈구성주의적 스냅숏〉)은 호화로운 모스크바 지하철역 안의 마노비치를 보여준다. 얼굴이 흐리고 뭉텅 잘린 것으로 보아 셀카로 찍은 장면으로 보인다. 마지막 사진(〈결정적 순간〉)은 마노비치가 모스크바의 미술관에 갔다가 스탈린 그림들 틈에서 잭슨 폴록의 작품을 보고 놀라는 순간을 포착했다. 공산주의 국가에는 집단의 공적 기억만 존재할 뿐 개인의 사적 기억은 존재하지 않는다. 북친과 마노비치는 세장의 날조된 스냅사진으로 전체주의 국가에 없었던 한 개인의 사적 역사를 복원한다.[27]

사회주의 팝아트

중국의 화가 쉬 시닝Shi Xinning(1969~)은 사진이 아닌 회화로 페이크 역사를 만들어낸다. 그는 중국의 대중적 아이콘 마오쩌둥을 엉뚱한 맥락 속에 집어넣곤 한다. 작품 속 마오는 얄타회담에서 스탈린, 루스벨트, 처칠과 나란히 앉아 있다. 물론 마오는 이 역사적 회담에 참석한 적이 없다. 다른 작품에서 그는 엘리자베스 여왕과 함께 마차에 타 거리를 행진하고, 또 다른 곳에서는 체 게바라와 나란히 포즈를 취한다. 무도회에서 여인과 왈츠를 추는가 하면 비키니 차림으로 일광욕을 하는 걸프렌드와 망중한을 즐기고, 카지노를 시찰하기도 한다. 마릴린 먼로가 지하철 환풍구에서 두 손으로 치마를 내리는 순간에도 마오가 존재한다. 물론 모두 실제로는 일어나지 않았던 일이다.

중국의 사회주의 리얼리즘에 서구의 포토리얼리즘을 결합시킨 그의 작품은 마치 영화의 스틸을 회화적으로 복제한 극장간판 느낌을 준다. 중국 밖에서 최초로 마오를 회화적 영웅으로 도입한 것은 앤디 워홀이다. 또 게르하르트 리히터 역시 비슷한 맥락에서 마오를 주제로 작품을 남긴 바 있다. 쉬 시닝의 작품은 양식적으로는 사회주의 선전예술에 속하나, 개념적으로는 서구 팝아트와 짝을 이룬다. 미적 엘리트가 아닌 인민대중의 취향을 반영한다는 의미에서 쉬 시닝의 '마오 팝'을 사회주의 리얼리즘 버전의 팝아트라 부를 수 있을 것이다. 쉬 시닝에게서 사회주의 선전예술은 자본주의 광고예술과 하나가 된다.

그의 작품에서 가장 잘 알려진 것은 〈뒤샹 회고전〉(2000)이다.

쉬 시닝, 〈뒤샹 회고전〉,
2006년

수하들을 거느리고 이 전시회를 찾은 마오는 호기심 어린 표정으로
뒤샹의 변기를 뚫어지게 바라본다. 이는 〈소비에트 스냅숏〉에서 마
노비치가 스탈린 그림들 틈에서 잭슨 폴록을 발견한다는 설정과 비
슷하다. 폴록의 자유분방한 화폭이 근엄한 스탈린의 초상과 대극을
이루듯 뒤샹의 무정부주의적 제스처는 모든 면에서 사회주의 리얼
리즘과 대극을 이룬다. 변기가 미술관에 등장한 것도 사건이었지만
그 작품이 마오 앞에 등장한 것은 더 큰 사건일 것이다. 저 가상의
상황에서 마오가 받았을 '문화충격'은 우리의 웃음을 자아낸다. 시
닝이 마오를 이렇게 엉뚱한 자본주의의 맥락에 집어넣은 데는 이유
가 있다.

"나는 실제 인물로서 마오쩌둥에는 관심이 없다. 오늘날 마오는 여전히 중국에서 아이콘으로 통한다. 그는 도처에 존재한다. 그는 나의 어린 시절과 내 부모의 일생을 규정했다. 나는 그를 절대로 1960년대와 1970년대의 현실적 맥락에서 보여주지 않는다. 나는 그를 시각적 기억으로 제시한다."[28]

쉬 시닝의 어린 시절, 그의 부모세대의 일생을 규정하는 것은 마오의 중국이었다. 하지만 중국은 개혁개방을 통해 국가정체성이 판연히 달라졌다. 중국인들은 이미 자신들의 과거를 이질적으로 느끼게 되었다. 여기서 과거와 현재를 화해시키는 것이 곧 개인의 정체성을 유지하는 문제가 되었다. 일생을 마오에게 저당 잡힌 부모세대에게는 여전히 마오가 '아이콘'이고, 그래서 그의 동상은 여전히 도처에 널려 있다. 하지만 새로운 세대에게 그 기억은 이미 버겁다. 동상이라는 물질로 존재하는 육중한 과거를 시닝은 '시각적 기억'으로 만들어 증발시킨다. 그 피상적 이미지를 우스꽝스러운 맥락에 집어넣음으로써 시닝은 부담스러운 과거의 기억을 희화적으로 처리한다.

역사의 산증인

독일의 작가 마티아스 베너Matthias Wähner(1953~)는 40장으로 이루어진 〈특징 없는 남자〉(1994) 연작으로 국제적 명성을 획득했다.[29] 로베르트 무질Robert Musil(1880~1942)의 소설 제목을 빌려온 이 연작에서 그는 우리에게 널리 알려진 40장의 역사적 사진들 속

마티아스 베너, 〈특징없는 남자〉 연작

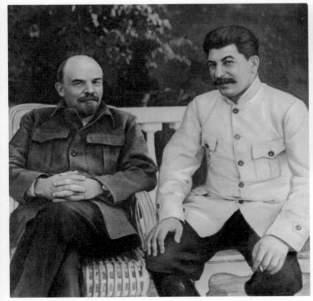

레닌의 사진에 들어간 스탈린.
왼쪽이 원본 이미지인데 다정해 보이지 않아
합성한 것이 오른쪽 이미지이다.

영화 〈포레스트 검프〉의 한 장면

에 슬쩍 자신의 모습을 섞어놓는다. 작품의 바탕이 된 사진들은
《퀵》*Quick*이라는 잡지의 사진 아카이브에서 나온 것이다. 디지털 사
진의 시대에 종이에 인쇄된 사진더미는 부담스러운 폐기물일 뿐이
다. 이 아카이브는 통째로 버려질 뻔했다가 다행히 뮌헨시립박물
관이 받아들여 그곳의 '사진박물관'으로 옮겨졌다. 그런 의미에서
베너의 작품은 시각문화의 폐기물로 만든 일종의 정크 아트인 셈
이다.

　역사적 사진 속에서 베너는 조용히 사건의 목격자나 구경꾼으
로 머문다. 베트남 소녀가 네이팜탄에 화상을 입은 채 알몸으로 마
을 밖으로 뛰쳐나올 때도, 볼리비아군 장교가 수건으로 코를 막고
사살당한 체 게바라의 시신을 내려다볼 때도 눈에 띄지 않는 구석

에서 사건을 지켜보기만 한다. 물론 이보다 적극적으로 나설 때도 있다. 이를테면 달라스 시를 지나는 케네디의 오픈카에 올라타 관중에게 손을 흔들기도 하고, 바르샤바의 유태인 게토 앞에 빌리 브란트 수상과 함께 무릎을 꿇기도 한다. 이는 역사화 속에 자신의 초상을 넣어 그리던 르네상스 화가들의 기법을 연상케 한다. 그들도 처음에는 사건의 목격자로 머무르다가 후에는 자신을 사건의 참여자로 연출하곤 했다.

베너가 사용하는 것은 매우 고전적인 수법이다. 스탈린은 크리미아 반도에서 요양을 하는 레닌의 사진에 자신의 모습을 섞어 넣음으로써 자신이 레닌의 후계자임을 시각적으로 확인받으려 했다. 아날로그 조작 사진의 경우 합성된 두 이미지 사이에 봉합선이 보이기 마련이다. 하지만 디지털 조작은 두 이미지 사이의 기운 자국을 완벽하게 지운다. 이로써 '현재'는 봉합선 없이 '과거'와 매끄럽게 이어진다. 공교롭게도 〈특징 없는 남자〉가 발표되던 바로 그해에 극장 스크린에는 로버트 저메키스Robert Zemeckis(1952~) 감독의 〈포레스트 검프〉(1994)가 걸렸다. 여기서 포레스트 검프로 분한 톰 행크스는 역사적 사진 속으로 들어가 케네디 대통령과 악수를 나눈다.

디지털 사진은 혼성적 시간을 만들어낸다. '지금-여기'의 속박에서 풀려난 대중은 '언제-어디'에나 있고 싶어한다. 돌아갈 수 없는 과거라 하더라도, 기꺼이 그곳에 있고 싶어한다. 디지털 사진은 모든 역사의 산증인이 되고 싶은 대중의 욕망을 실현시킨다. 저메키스가 포레스트 검프의 개인사를 미국사의 일부로 만들었듯 베너 역시 디지털 테크놀로지로 자신의 개인사를 공적 역사에 등록시

킨다. 사진으로 굳어버린 공적 역사를 대하는 베너의 태도는 이중
적이어서, 때로는 역사적 사건의 무게를 존중하며 거기에 경건히
참여하는 듯하지만 때로는 차가운 방관자가 되어 그것을 냉소하거
나 희화화하는 듯 보인다. 어느 쪽이든 그에게 역사는 픽션의 배경
이 된다.

픽션의 재료가 된 역사

역사학자 E. H. 카는 역사를 "과거와 현재의 끊임없는 대화"라 규
정했다. 역사라는 기억은 시대의 요구에 따라 늘 다시 조직된다는
뜻일 것이다. 실제로 뇌과학 연구에 따르면 개인의 기억은 항상적
이지 않다. 동일한 사건이라도 주체가 어떤 상태에 있느냐에 따라
다르게 기억된다. 역사라는 이름의 집단적 기억도 마찬가지다. 역
사학은 그저 과거에 일어났던 일들을 있는 그대로 기록하고 보존하
는 작업이 아니다. 집단의 기억을 끊임없이 재조직하는 것이야말로
역사학이 할 일이고, 또 이제까지 해왔던 일이기도 하다. 따라서 집
단의 것이든 개인의 것이든, 과거의 기억을 다시 조직하는 것은 그
리 신기할 것도, 새로울 것도 없는 일이다.

　하지만 기억을 재조직하는 일은 주로 '해석'의 형태로 이루어
진다. '사실'을 조작하는 것은 예나 지금이나 엄격히 금지되어 있
다. 일본의 어느 학자처럼 유물을 조작하여 자국의 구석기문화를
60만 년 전으로 끌어올린다거나, 독일의 우익들처럼 나치정권이 저
지른 유태인 학살을 부정하는 것은 용인해서는 안 될 범죄로 여겨
진다. 하지만 위의 작가들은 스스럼없이 '사실' 자체를 날조한다.

물론 이들의 작업은 범죄라 할 수 없다. 다양한 장치를 이용해 자신들이 날조한 현실이 가짜임을 스스로 드러내기 때문이다. 그들은 그저 사진을 대하는 사회의 태도가 과거와는 달라졌음을 증언할 뿐이다. 사진은 '사실의 기록'이 아니라 '허구의 재료'로 변해가고 있다.

중요한 것은 이런 종류의 이미지가 갖는 의미다. 미디어는 의식을 재구조화한다. 디지털은 사진의 기록적 성격을 파괴한다. 이로써 조롱당하는 것은 역사, 더 정확히 말하면 역사주의 의식이다. 아날로그 기록사진은 역사에 봉사하는 이미지였다. 그것은 문자로 이루어진 '상징계'the Symbolic에 종속되어 있었다. 하지만 디지털 조작사진은 증언의 의무를 지지 않는다. 그것은 역사의 의무에서 독립한 순수 자율적 이미지로서 환영과 허구로 이루어진 '상상계'의 현상이다. 백남준은 이미 1970년대 초에 더는 '역사'가 존재하지 않으며 존재하는 것은 '이미저리'imagery나 '비디오리'videory뿐이라고 말했다. 역사는 상징계에서 상상계로 거처를 옮기고 있다.

사실은 허구로, 증명은 날조로, 진리는 오락으로 대체된다. 네이디치에게서 인종차별의 무거운 기억을 수정하는 것은 가벼운 시각적 조크다. 시닝의 작품에서 마오의 기억은 팝의 아이템으로 전락한다. 베너의 작품에서 인류사는 오락적으로 개인사에 편입된다. 즈비그뉴 리베라Zbigniew Libera(1957~)는 전쟁의 외상마저 회화화한다. 그리고 아간 아라합Agan Harahap의 노르망디 상륙작전에 참전한 스파이더맨을 보라. 이것이 '역사이후'post-history의 상상력이다. 과거에 역사는 해방된 미래를 위해 피억압자의 기억을 조직하는 행위였으나, 디지털 부족에게 과거는 사극의 재료요, 미래는 SF의 배

닉 우트, 〈베트남 전쟁의 공포〉, 1972년

즈비그뉴 리베라, 〈네팔〉, 2003년

아간 아라합, 〈노르망디 미군 병사와 스파이더맨〉, 2009년

경일 뿐이다. 역사는 무엇인가? 그것은 환상의 재료, 허구의 배경이자 농담의 소재일 뿐이다. 다음은 미술평론가 이정우가 얼마 전 트위터에 올린 멘션이다.

트위터 캡처 장면

1장 디지털의 철학

1   Jorge Luis Borges, "Die kreisförmigen Ruinen". In: *Fiktionen. Erzählungen 1939–1944*. Fischer. 1992. S. 46~52 (S. 52).

2   Vilém Flusser, "Digitaler Schein". In: Florian Rötzer (hrsg.), *Digitaler Schein: Ästhetik der elektronischen Medien*. Suhrkamp. 1991. S. 147~159 (S. 147).

3   같은 곳.

4   Vilém Flusser, *Für eine Philosophie der Fotografie*. European Photography. 1983. S. 9.

5   Vilém Flusser, "Mythisches geschichtliches und nachgeschichtliches Dasein. Macumba, Kirche und Technokartie". In: von Stefan Bolmann und Edith Flusser (hrsg.), *Nachgeschichte: Eine korrigierte Gedichtsschreibung*. Bollmann/Mannheim. 1993. S. 194~204.

6   Bernd Epple, Reinhard Leithner, Wladimir Linzer und Heimo Walter, *Simulation von Kraftwerken und wärmetechnischen Anlagen*. Springer-Verlag/Wien. 2009. S. 1에서 재인용.

7   "Digitaler Schein". S. 156.

8   "Digitaler Schein". S. 156.

9   Vilém Flusser, *Vom Subjekt zum Projekt: Menschenwerdung*. Fischer. 1998. S. 109.

10 Vilém Flusser, "Eine Neue Einbildungskraft". In: *Der Flusser-Reader: Zu Kommunikation, Medien und Design*. Bollmann/Mannheim. 1996. S. 141~149 (S. 149).

11 Roy Ascott, "Planetary Technoetics: Art, Technology and Consciousness". *Leonardo*, Vol. 37, No. 2. The MIT Press. 2004. pp. 111~116.

12 "Digitaler Schein". S. 157.

13 Vilém Flusser, *Ins Universum der technischen Bilder*. European Photography. 1985. S. 72.

14 "Digitaler Schein". S. 159.

15 Friedrich Nietzsche, *Götzendämmerung*. In: G. Colli und M. Montinari (hrs.), *Sämtliche Werke. Kritische Studienausgabe,* Band 6. DTV. 1999 S. 81.

16 Vilém Flusser, "Bilderstatus". In: *Der Flusser-Reader. Zu Kommunikation, Medien und Design*. Bollmann/Mannheim. 1996. S. 81~94 (S. 81~82).

17 마샬 맥루언, 《미디어의 이해》 (1964). 김성기 외 옮김. 민음사. 2002.

18 에른스트 크리스·오토 쿠르츠, 《예술가의 전설》. 노성두 옮김. 사계절. 1999.

19 레온 바티스타 알베르티, 《알베르티의 회화론》 (1435). 노성두 옮김. 사계절. 2004.

20 발터 벤야민, 〈사진의 작은 역사〉, 《발터 벤야민의 문예이론》. 반성완 편역. 민음사. 1983. p. 242.

21 Ralph Sarkonk, "Roland Barthes and the Spectre of Photography". In: *L'Esprit créateur*. 21.1. 1982. pp. 46~48.

22 Martin Loiperdinger, "Lumiere's Arrival of the Train: Cinema's Founding Myth". In: *The Moving Image*. 4.1. 2004. pp. 89~118.

23 발터 벤야민, 〈기술복제시대의 예술작품〉, 《발터 벤야민의 문예이론》. 반성완 편역. 민음사. 1983. p. 227.

24 《故事成語中國史 이야기》. 편집부 엮음. 집현전. 1985. p. 212.

25 레지스 드브레, 《이미지의 삶과 죽음》. 정진국 옮김. 시각과언어. 1994. p. 9.

26 Jeffrey Shaw, "The Legible City" (1989~1991). In: Kristine Stiles and Peter Howard Selz (ed.), *Theories and Documents of Contemporary Art: a Sourcebook of Artists' Writings*. University of California Press. 1996. pp. 487~489.

27　Jens Schröter, "Die Ästhetik der virtuellen Welt. Überlegungen mit Niklas Luhman und Jeffrey Shaw". In: Manfred Bogen, Roland Kuck and Jens Schröter (hrsg.), *Virtuelle Welten als Basistechnologie für Kunst und Kultur?: Eine Bestandsaufnahme.* Transscript Verlag/Bielefeld. 2009. S. 25～36.

28　Jeffrey Shaw, "The Dis-Embodied Re-Embodied Body". In: *Kunstforum: Die Zukunft des Körpers I.* Vol. 132. November 1995～January 1996. pp. 168～171.

29　Karl Sims, "Particle Animation and Rendering Using Data Parallel Computation". In: *Computer Graphics* (Siggraph '90 proceedings). Aug. 1990. pp. 405～413.

30　http://www.karlsims.com/.

31　Karl Sims, "Artificial Evolution for Computer Graphics". In: *Computer Graphics,* 25(4), July 1991, pp. 319～328 (ACM SIGGRAPH '91 Conference Proceedings, Las Vegas, Nevada, July 1991).

32　Alessandro Ludovico, Marcos Novak Interview. April, 2001. (http://www. neural.it/english/marcosnovak.htm.)

33　Marcos Novak, "Liquid Architectures in Cyberspace". In: *Cyberspace: First Steps.* MIT Press. 1991. pp. 225～254.

34　Nato Thompson (ed.), *Becoming Animal: Contemporary Art in the Animal Kingdom.* MIT Press. 2005. p. 105.

35　Roy Ascott, "Art at the End of Tunnel Vision: A Syncretic Surmise". In: Jill Scott (ed.), *Artists-In-Labs: Networking In the Margins.* Springer/Wien. 2010. pp. 60～67 (p. 60).

36　발터 벤야민, 〈사진의 작은 역사〉, 《발터 벤야민의 문예이론》. 반성완 편역. 민음사. 1983. p. 236.

37　Maryanne Cline Horowitz, "History of Media". In: *New Dictionary of the History of Ideas.* Charles Scribner's Sons. 2005.

38　Alessandro Ludovico, 같은 곳.

2장 리얼 버추얼 액추얼

1   Susan Buck-Morss, "The Flâneur, the Sandwichman and the Whore : The Politics of Loitering". In : Beatrice Hanssen (ed.), *Walter Benjamin and the Arcades Project*. Bloomsbury Academic. 2006. pp. 33~65 (p. 33).

2   M. Hank Haeusler, *Media Facades: History, Technology, Content.* Avedition/ Ludwigsburg. 2009. p. 12.

3   심상용, "일루전과 메타 피사체를 통한 사진행위의 자기인식". 이명호 개인전 〈나무〉 연작'(2007)의 전시회 카탈로그.

4   Myoung! '동양의 정서를 담아내는 사진작가'-이명호 인터뷰. Subart. 2009. 4. 16.

5   〔이 전시 이 작품〕 'Tree #1'. 《동아일보》. 2008. 8. 12.

6   Myoung! '동양의 정서를 담아내는 사진작가'-이명호 인터뷰. Subart. 2009. 4. 16.

7   Maia Morel (coord.) *Parcours Interculturels: Être et devenir devenir.* Édition Peisaj. 2010. p. 178.

8   Dora Apel, *Memory Effects: The Holocaust and the Art of Secondary Witnessing.* Rutgers University Press. 2002. p. 52.

9   Dipti Desai, Jessica Hamlin and Rachel Mattson, *History As Art, Art As History: Contemporary Art and Social Studies Education.* Routledge/New York. 2010 p. 52.

10   Martin Heidegger, *Die Grundbegriff der Metaphysik: Welt-Endlichkeit-Einsamkeit.* Gesammtausgabe Band. 29/30. Klostermann/Frankfurt. 1983. S. 446.

11   Günter Anders, "Die Welt als Phantom und Matritze". In : *Die Antiquiertheit des Menschen.* München. 1956. pp. 97~214.

12   장 보드리야르. 《시뮬라시옹》 (1981). 하태환 옮김. 민음사. 1992.

13   Gilles Deleuze, "Das Aktulle und das Virtuelle". In : Peter Gentet and Peter Weibel (hrsg.), Deleuze und die Künste. S. 249~253.

14   Michela Ott, "Virtualität in Philosophie und Filmtheorie von Gilles Deleuze".

In : Peter Gente, Peter Weibel (hrsg.), *Deleuze und die Künste.* S. 106~120 (S. 113).

15 Gilles Deleuze, S. 249.

16 Gilles Deleuze, S. 251.

17 레프 마노비치,《뉴미디어의 언어》. 서정신 옮김. 생각의나무. 2004. p. 266.

18 Jacques Derrida, *La vérité en peinture,* Paris. 1978.

19 Gilles Deleuze, S. 251.

3장 파타피직스

1 Christian Bök, *Pataphysics: The Poetics of an Imaginary Science.* Northwestern University Press. 2002.

2 Jill Fell, *Alfred Jarry: An Imagination in Revolt.* Rosemont Publishing & Printing Corp. 2005. p. 14.

3 Alfred Jarry, *Exploits and Opinions of Dr. Faustroll, Pataphysician.* Exact Change. 1996. p. 21.

4 日本珍道具學會,《仰天珍道具事典》Part 3: ほとんど實用にならない暮しの道具. カタログハウス. 1993.

5 Slavoj Žižek, *On Belief: Thinking in Action.* London, 2002 pp. 20~22 (박해천, 《인터페이스 연대기: 인간, 디자인, 테크놀로지》. 디자인 플럭스. 2009. p. 192에서 재인용).

6 박해천,《인터페이스 연대기:인간, 디자인, 테크놀로지》. 디자인 플럭스. 2009. p. 204.

7 Anthony Dunne and Fiona Raby, *Speculative Everything: Design, Fiction, and Social Dreaming.* MIT Press, 2013. pp. 33~36.

8 Tammy Ravas, *Peter Schickele: A Bio-Bibliography.* Praeger Publishers. 2004.

9 Subgenius Foundation, *The Book of the Subgenius.* Simon & Schuster/New York.

1983.

10 James Kneale, *Lost in Space: Geographies of Science Fiction*. The Cromwell Press. 2002. p. 130.

11 http://www.ted.com/talks/pattie_maes_demos_the_sixth_sense.html.

12 스티븐 홀츠먼, 《디지털 모자이크》. 이재현 옮김. 커뮤니케이션북스. 2002.

13 이어령, 《디지로그》. 생각의나무. 2006.

14 〈기술복제시대의 예술작품〉, p. 217.

15 Vilém Flusser, "Line and Sufface" (1973). In: Andreas Ströhl, (ed.) *Writings. Electronic Mediations*. Vol. 6. University of Minnesota Press. Miniapolis/London. 2002. pp. 21~34 (pp. 32~33).

16 Vilém Flusser, "Für eine Phänomenologie des Fernsehens". In: *Lob der Oberflächlichkeit: Für eine Phänomenologie der Medien*. Bollmann/Mannheim. 1993. S. 180~220.

17 제이 데이비드 볼터, 리처드 그루신, 《재매개》 (1998). 이재현 옮김. 커뮤니케이션북스. 2006.

18 Lev Manovich, *The Language of New Media*. MIT Press. 2002. p. 166.

19 D. Arsenault, B. Perron, "In the Frame of Magic Circles of Gameplay". In: B. Perron, M. J. P. Wolf (ed.), *The Video Game Theory Reader*. Routledge/London. 2003. p. 119.

20 노철중, "칼라TV, 도대체 나에게 무슨 짓을 한 거야?". 오마이뉴스. 2008. 7. 6.

21 가라타니 고진, 《트랜스크리틱: 칸트와 마르크스 넘어서기》 (2001). 송태욱 옮김. 한길사. 2005.

22 Michael Geoghegan and Dan Klass, *Podcast Solutions: The Complete Guide to Podcasting*. Springer/New York. 2005 pp. 1~7.

23 월터 옹, 《구술문화와 문자문화》. 이기우 옮김. 문예출판사. 1995.

24 김어준, "나꼼수 탓은 진보−보수 국공합작". 《한겨레》. 2012. 4. 27.

25 Vilém Flusser, "Eine Neue Einbildungskraft". In: *Der Flusser-Reader: Zu*

Kommunikation, Medien und Design. Bollmann/Mannheim. 1996. S. 141~149 (S. 149).

26 MBN 개국 설문조사, 국민 73퍼센트 "한국사회 꽉 닫혔다".《매일경제》MK뉴스. 2011. 12. 1.

27 Karl R. Popper, "The Conspiracy Theory of Society". In : *Conjectures and Reputations.* Routledge/London. 1972. pp. 123~125.

28 Vilém Flusser, *Für eine Philosophie der Fotografie.* European Photography. 1989. p. 10.

29 Svetlana Boym, "Conspiracy Theories and Literary Ethics : Umberto Eco, Danilo Kiš, and The Protocols of Zion". In : *Comparative Literature.* Vol. 51, No. 2, Spring 1999. pp. 97~122 (p. 97).

30 움베르토 에코,《프라하의 묘지》. 열린책들. 2013. p. 147.

31 Sebastian Deterding, Dan Dixon, Rilla Khaled, and Lennart Nacke (2011). "From game design elements to gamefulness : Defining 'gamification'". Proceedings of the 15th International Academic MindTrek Conference. pp. 9 ~15.

32 박가분,《일베의 사상 : 새로운 젊은 우파의 탄생》. 오월의봄. 2013.

33 "'일베'와 '나꼼수', 주의·주장에 기반한 '유희'".《경향신문》. 2013. 6. 3.

34 Jarret Brachman and Alix Levine (April 13, 2010). "The World of Holy Warcraft : How al Qaeda is using online game theory to recruit the masses". *Foreign Policy.*

35 "Hezbollah Posts New Games Aimed At Youth". Access ADL (Anti-Defamation League). Retrieved January 6, 2014.

36 "'노무현 비하 게임' 파문, 사법적 대응 검토".《미디어오늘》. 2013. 8. 24.

4장 지표의 상실

1   Tila L. Kelmann, *Figuring Redemption: Resighting My Self in the Art of Michael Snow*. Wilfrid Laurier University Press. 2002. pp. 83~100.

2   필립 뒤부아, 《사진적 행위》. 이경률 옮김. 신구문화사. 2005.

3   Rosalind E. Krauss, *The Originality of Avant-Guard and Other Modernist Myths*. MIT Press. 1986. p. 203.

4   Hilde Van Gelder and Helen W. Westgeest, *Photography Theory in Historical Perspective*. Wiely-Blackwell. 2012. p. 106.

5   롤랑 바르트, 《밝은 방》. 김웅권 옮김. 동문선. 2006. p. 131.

6   《밝은 방》. p. 21.

7   《밝은 방》. p. 16.

8   《밝은 방》. p. 41.

9   《밝은 방》. p. 42.

10   《밝은 방》. p. 60.

11   《밝은 방》. p. 66.

12   《밝은 방》. p. 67.

13   《밝은 방》. p. 76.

14   《밝은 방》. p. 79.

15   《밝은 방》. p. 94.

16   《밝은 방》. p. 91.

17   《밝은 방》. p. 98.

18   《밝은 방》. p. 99.

19   《밝은 방》. p. 118.

20   《밝은 방》. p. 119.

21   《밝은 방》. p. 141.

22   《밝은 방》. p. 111.

23   《밝은 방》. p. 29.

24 《밝은 방》. p. 60.

25 《밝은 방》. p. 94.

26 Nancy Shawcross, *Roland Barthes on Photography: The Critical Tradition in Perspective*. University Press of Florida, 1997. p. 80.

27 《밝은 방》. p. 21.

28 Jacque Derrida, "The Deaths of Roland Barthes". In: Kenneth Silverman (ed.), *Philosophy and Non-Philosophy Since Merleau-Ponty*. Northwestern University Press. 1988. pp. 259~298 (p. 272).

29 《밝은 방》. p. 66.

30 《밝은 방》. p. 20.

31 Jean-Claude Gautrand and Michel Frizot, *Hippolyte Bayard: Naissance de L'Image Photographique*. Trois Cailloux. 1986. p. 7.

32 François Arago, *Rapport sur le daguerréotype: lu à la séance de la Chambre des Députés le 3 juillet 1839*, avec les textes annexes de C. Duchâte l et L.J. Gay-Lussac. Rumeur des Ages. 1995.

33 John, Drew Heathson, *Capturing Light: Masterpeieces of California Photographys, 1850 to the Present*. Oakland: Oakland Museum of Art. 2001. p. 122.

34 http://www.britannica.com/EBchecked/topic/752375/Pictorialism.

35 Alfred Stieglitz, Richard Whelan and Sarah Greenough, *Stieglitz on photography: his selected essays and notes*. Aperture, 2000 p. 237.

36 Group f/64 Manifesto, August 1932.

37 Oscar Gustave Rejlander, "An Apology for Art-Photography" (1863). In: Vicki Goldberg (ed.), *Photography in Print: Writings from 1816 to the Present*. University of New Mexico Press. 1988. pp. 141~147.

38 Henry Peach Robinson, "Pictorial Effect in Photography" (1869). In: Vicki Goldberg (ed.), *Photography in Print: Writings from 1816 to the Present*. University of New Mexico Press. 1988. pp. 155~162 (p. 156).

39 위의 책. p. 162.

40 테오도르 W. 아도르노. 《미학이론》. 홍승용 옮김. 문학과지성사. 1984.

41 Rosalind E. Krauss, "Reinventing the Medium". In: *Critical Inquiry*. Winter 1999. Vol. 24, No 2. pp. 289~305 (p. 297).

42 Douglas Crimp, "Pictures". In: *October*. Vo. 8, Spring 1979. The MIT Press. pp. 75~88.

43 Diarmuid Costello and Margaret Iversen (ed.), *Photography after Conceptual Art*. Wiley-Blackwell. 2010.

44 Rosalind Krauss, "Reinventing the Medium". In: *Critical Inquiry*. Winter 1999. Vol. 25, No. 2. The Unversity of Chicago Press. 1999. pp. 289~305 (p. 297).

45 할 포스터 외. 《1900년 이후의 미술사》. 배수희 외 옮김. 세미콜론. 2007. p. 660 에서 재인용.

46 David Shapiro, Interview with Jeff Wall (1999). Museo Magazine. http://www.museomagazine.com/JEFF-WALL.

47 같은 곳.

48 http://whitehotmagazine.com/articles/andreas-gursky-vancouver-art-gallery/1893.

49 Ulrike Knöfel, "Spiegel-Gespräch-Das mit der Wahrheit ist Quatsch". *Der Spiegel*. 2012. 11.

50 Veit Görner, "······I generally let things develop slowly". Andreas Gursky: Fotografien 1984~1998. Exh. cat. Ed. Veit Görner. Wolfsburg: Kunstmuseum. 1998. VII-X. VIII.

51 〈사진의 작은 역사〉. pp. 250~251.

52 Veit Görner, 같은 곳.

53 Alex Alberro, "Blind Ambition". *Artforum* 39, no. 5. January 2001. p. 113.

54 발터 벤야민, 〈생산자로서의 작가〉. 《발터 벤야민의 문예이론》. 반성완 편역. 민음사. 1983. p. 263.

55 할 포스터 외, 《1900년 이후의 미술사》. 배수희 외 옮김. 세미콜론. 2007. p. 663.

56 Ralph Rugoff, "World Perfect. Monograph. Andreas Gursky". *Frieze*. Issue 43, November-December 1998.

57 David Bate, *Photography: The Key Concepts*. Berg. 2009. p. 106.

58 Ian Chilvers and John Glaves-Smith, "Andreas Gursky". In: *Oxford Dictionary of Modern and Contemporary Art*. Oxford University Press. 1998.

59 Carolin Levine, Gursky's Sublime. http://pmc.iath.virginia.edu/issue.502/12.3levine.html.

60 Alix Ohlin, "Andreas Gursky and the Contemporary Sublime". In: *Art Journal* Vol. 61, No. 4 (Winter, 2002), pp. 22~35.

61 Jean-François Lyotard, "Le Sublime et l'Avant-garde". In: *L'Inhumain*. Galilée 1988. pp. 101~118.

62 발터 벤야민, 〈역사철학테제〉, 《발터 벤야민의 문예이론》. 반성완 편역. 민음사. 1983. pp. 343~356 (p. 348).

63 Jacques Derrida, Die Fotografie als Kopie, Archiv und Signatur. Im Gespräch mit Hubertus v. Ameluxen und Michael Wetzel. (Aus dem Französischen von Michael Wetzel) In: Wolfgang Kemp und Hubertus v. Ameluxen (hrsg.), Theorie der Fotografie Bd. IV S. 280~296.

64 Sarah Kember, *Virtual Anxiety: Photography, New Technologies and Subjectivity*. Manchester University Press. 1988. p. 11.

65 Jay David Bolter and Richard A. Grusin, *Remediation: Understanding New Media*. MIT Press. 2000. p. 110.

66 William J. Mitchell, *The Reconfigured Eye: Visual Truth in the Post-Photographic Era*. MIT Press. 1994.

67 레프 마노비치, 〈디지털 사진의 역설〉 (1995). 김우룡 (편), 《사진과 텍스트》. 눈빛. 2011. pp. 267~282.

68 Heinz Nobert-Jocks, "Paul Virilio: Die Kamera als Waffe und das Ende der

Fotografie". (übs. Berenward Mindé). *Kunstforum* International. Bd. 172. Sep-
Okt. 2004. S. 61.

69 〈기술복제시대의 예술작품〉. p. 203.

70 Pinned Butterflies. Interview by Lars Mextorf (2007). http://www.miklosgaal.
com/index.php?/texts/.

71 Lars Mextorf, "Der gebrochene Vertrag: Zu den Folgen der Digitalisierung für
dieanaloge Fotografie". In: Martin Roman Deppner and Gottfried Jäger.
Denkprozesse der Fotografie. Kerber/Bielefeld. 2010. S. 358~368.

72 Lars Mextorf. p. 368.

5장 실재의 위기

1 Thomas Weski, Jean-François Chevrier and Johan de Vos, *Click Doubleclick: The
Documentary Factor.* König/München. 2006. p. 59.

2 Adrian Searle, "What are You Doing Here?". *The Guardian.* April 6, 2005.

3 http://jmcolberg.com/weblog/2007/06/a_conversation_with_luc_delahaye.html.

4 Simon Norfolk, *Afghanistan: Chronotopia.* Dewi Lewis Pub. 2002. http://www.
simonnorfolk.com/pop.html

5 Miriam Grotte, "Susan Meiselas: Reflections on Susan Meiselas's 'In History'".
2009. http://www.americansuburbx.com/2010/06/susan-meiselas-reflections-
on-susan.html.

6 http://www.magnumphotos.com/C.aspx?VP3=CMS3&VF=MAGO31_9_VForm
&ERID=24KL535EQH.

7 수전 손택, 《타인의 고통》. 이재원 옮김. 이후. 2004.

8 Joerg Colberg, A Conversation with Christopher Anderson. http://jmcolberg.
com/weblog/extended/archives/a_conversation_with_christopher_anderson/.

9 Andy Grundberg, *Crisis of the Real.* Aperture/New York. 1999. p. 6.

10   Andy Grundberg, p. 190.

11   Thomas Weski, Jean-François Chevrier, Johan de Vos, Palais des beaux-arts
       (Brussels, Belgium). *Click Doubleclick: The Documentary Factor.* T. Weski, J. F.
       Chevrier, John de Vos, Haus der Kunst, München (eds.). König. 2006. p. 319.

12   Karl Blossfeldt, *Urformen der Kunst: Photographtsche Pflanzenbilder von Professor Karl
       Blossfeldt.* Ernst Wasmuth/Berlin. 1929.

13   Ernst Haeckel, *Kunstformen Der Natur* (1904). Europäischer Hochschulverlag/
       Bremen, 2011.

14   Niles R. Holt, "Ernst Haeckel's Monistic Religion". In: *Journal of the History of
       Ideas.* Vol. 32, No. 2. April/June. 1971. pp. 265~280.

15   Robert J. Richards, *The Tragic Sense of Life: Ernst Haeckel and the Struggle over
       Evolutionary Thought.* The University of Chicago Press. pp. 252~253.

16   Nina Zschocke, "The Strategy of Visual Irritation: Forms of Ambiguous
       Representation in Contemporary Art". In: Grant Malcolm (ed.),
       Multidisciplinary Approaches to Visual Representations and Interpretations.
       Elsevier/Amsterdam. 2004. pp. 373~388.

17   Charlotte Cotton, *The Photograph as Contemporary Art.* Thames & Hudson. 2004.
       p. 201.

18   Christian Caujolle and Joan Fontcuberta, *Joan Fontcuberta.* Phaidon. 2001. p.
       62.

19   Andrea Soto Calderon and Rainer Guldin, "To Document Something Which
       Does Not Exist". Vilém Flusser and Joan Fontcuberta: A Collaboration 1. In:
       Flusser Studies 13. 2012. pp. 1~21.

20   프레드 리친,《사진 그 후》. 임영균 옮김. 눈빛. 2011. p. 29.

21   http://www.andrewsmithgallery.com/exhibitions/patricknagatani/pnpress.html.

22   http://www.tfaoi.com/aa/2aa/2aa234.htm.

23   http://www.janm.org/press/release/304/.

24 Christopher Phillips, "Necessary Fictions: Warren Neidich's Early-American Cover-Ups". In: Warren Neidich and Lynda Rose Day, *American History Reinvented*. Aperture/New York. 1989. pp. 68~69.

25 Kathy Kubicki, "Reinventing History: Warren Neidich, Photography, Re-enactment, and Contemporary Event Culture". In: *Visual Resources*. Vol. 26, No. 2. July 2010. pp. 167~178.

26 http://www.lomography.com/about/the-ten-golden-rules.

27 Hubertus Von Amelunxen, Stefan Iglhaut, Florian Rötzer, *Photography After Photography: Memory and Representation in the Digital Age*. Dap-distributed Art, 1996. Munich. pp. 136~139.

28 Urlike Münter, Where Next for Mao? Shi Xinning's Director's Notes on Chinese History. http://www.chinesische-gegenwartskunst.de/pages/pressetexte/wohin-mit-mao-en.php.

29 Norman Mailer und Matthias Wähner, *Matthias Wähner: Mann ohne Eigenschaften*. München. 1994.

초고 수록 지면

03 파사드 프로젝트

2007년 3월 8일~4월 11일 잔다리갤러리에서 열린 한성필 개인전 〈FACADE: face-cade〉의 전시 카탈로그.

06 리얼 버추얼 액추얼

2008년 11월 8일에 열린 '제1회 기술미학포럼: 리얼리티를 상상하는 시각의 충돌. 진기종 vs. 정흥섭'에서 발표.

08 패러다임 게임

'문화과학' 55호(2008년 가을)에 '개인방송의 현상학'이라는 제목으로 발표.

찾아보기

인명

도판

이미지 인문학 1

현실과 가상이 중첩하는 파타피직스의 세계

지은이	진중권

■

2014년 6월 2일 초판 1쇄 발행
2015년 1월 23일 초판 4쇄 발행

■

책임편집	남미은
편집자	선완규·안혜련·홍보람
디자인	민진기디자인
용지	화인페이퍼

■

펴낸이	선완규
펴낸곳	천년의상상
등록	2012년 2월 14일 제300-2012-27호
주소	(121-865) 서울시 마포구 동교로 45길 26 101호
전화	(02) 739-9377
팩스	(02) 739-9379
이메일	imagine1000@naver.com
블로그	blog.naver.com/imagine1000

■

© 진중권, 2014

■

ISBN	979-11-85811-00-0 04100
	978-89-968706-9-2 04100 (세트)

■

이 도서의 국립중앙도서관 출판시도서목록(CIP)은 서지정보유통지원시스템 홈페이지(http://seoji.nl.go.kr)와
국가자료공동목록시스템(http://www.nl.go.kr/kolisnet)에서 이용하실 수 있습니다.
(CIP제어번호: CIP2014015336)